LASS LOS UND LEBE

ARBEITSBUCH

JOSEPH PRINCE

LASS LOS UND LEBE

ARBEITSBUCH

Wie man frei wird von
Stress, Sorge und Angst

Aus dem Englischen von
Gabriele Kohlmann

Grace today
VERLAG

Die amerikanische Originalausgabe erschien im Verlag FaithWords unter dem Titel *Live the Let-Go Life Study Guide*. Dieses Werk wurde vermittelt durch die Literarische Agentur Thomas Schlück GmbH, 30161 Hannover.

Die Deutsche Nationalbibliothek verzeichnet diese Publikation in der Deutschen Nationalbibliografie; detaillierte bibliografische Daten sind im Internet über http://dnb.dnb.de abrufbar.

Bibelzitate, sofern nicht anders angegeben, wurden der Schlachter Bibelübersetzung entnommen. Bibeltext der Schlachter, © 2000 Genfer Bibelgesellschaft. Alle Rechte vorbehalten. Alle Bibelübersetzungen wurden mit freundlicher Genehmigung der Verlage verwendet. Hervorhebungen einzelner Wörter oder Passagen innerhalb von Bibelzitaten wurden vom Autor vorgenommen.

ELB *Revidierte Elberfelder Bibel* © 2006, SCM R.Brockhaus, Witten.
EÜ *Einheitsübersetzung*, © 1980 Kath. Bibelanstalt GmbH, Stuttgart.
GNB *Gute Nachricht Bibel*, © 2000 Deutsche Bibelgesellschaft Stuttgart.
HFA *Hoffnung für alle*, © by Biblica, Inc.®, hrsg. von Fontis.
LUT *Lutherbibel*, © 2016 Deutsche Bibelgesellschaft Stuttgart.
NEÜ *Neue evangelistische Übersetzung*, © Karl-Heinz Vanheiden.
NGÜ *Neue Genfer Übersetzung* – Neues Testament und Psalmen, © 2011 Genfer Bibelgesellschaft.
NLB *Neues Leben Bibel*, © 2006, SCM R.Brockhaus, Witten.
ZÜB *Züricher Bibel*, © 2007, Verlag der Züricher Bibel beim Theologischen Verlag Zürich.

Zitate aus den folgenden Bibeln wurden aus dem Englischen übersetzt:
Amplified Bible (AMP), New Living Translation (NLT), The Message (MSG), Young's Literal Translation (YLT), New International Version (NIV)

Umschlaggestaltung und Fotos: © 22 Media Pte. Ltd.
Corporate Design: spoon design, Olaf Johannson
Lektorat: Thilo Niepel
Satz: Grace today Verlag
Druck: CPI Clausen & Bosse GmbH, Birkstr. 10, 25917 Leck
Printed in Germany

2. Auflage 2026

Lass los und lebe – Arbeitsbuch: ISBN 978-3-95933-075-6, Bestellnummer 372075

Lass los und lebe | Hardcover: ISBN 978-3-95933-070-1, Bestellnummer 372070
Lass los und lebe | Paperback: ISBN 978-3-95933-076-3, Bestellnummer 372076
Lass los und lebe | E-Book: ISBN 978-3-95933-071-8, Bestellnummer 372071
Lass los und lebe | Hörbuch MP3-CD: ISBN 978-3-95933-072-5, Bestellnummer 372072
Lass los und lebe | Hörbuch Audio-CD: ISBN 978-3-95933-073-2, Bestellnummer 372073

www.gracetoday.de

INHALT

EINLEITUNG

Es fühlt sich an, als würde sich unsere Welt heute schneller drehen als je zuvor und dabei mit jedem Tag an Geschwindigkeit zunehmen. Viele Faktoren tragen zu diesem hektischen Tempo des modernen Lebens bei. Täglich gibt es nicht enden wollende Aufgabenlisten. Eine sich schnell verändernde Arbeitswelt stellt neue Anforderungen und fast jeder Wirtschaftszweig ist von Zerschlagungen betroffen. Viele tun sich schwer damit, ständig mit neuem Wissen Schritt halten zu müssen, Umschulungen und Firmenumstrukturierungen mitzumachen, um für den Arbeitsmarkt relevant zu bleiben, und gleichzeitig den Anforderungen von Ehe, Elternschaft und Gemeinde gerecht zu werden. Und das alles findet vor dem Hintergrund der sehr realen Bedrohung unseres Alltags durch Terror und tödliche Virenstämme statt. Hinzu kommt, dass die Unmittelbarkeit der Echtzeit-Kommunikation durch verschiedene Kommunikationsformen wie Textnachrichten, Snapchat-Snaps und WhatsApp-Gruppenchats eine neue Normalität der Anforderungen an uns geschaffen hat.

Man kann leicht erkennen, warum so viele Menschen heutzutage Stress, Sorge und Angstzustände erleben. Leider sind das nicht einfach harmlose Gefühlszustände – diese Emotionen können auf heimtückische Weise zu chronischen Depressionen, psychosomatischen Erkrankungen und selbstzerstörerischem Verhalten führen. Niemand sollte die zerstörerische Kraft von

Stress unterschätzen, der mit seiner langen Liste schwerwiegender Folgen auch als »schleichender Tod« bezeichnet wird.

Im Kern geht es bei Stress um Anforderungen – Anforderungen, denen wir nicht gerecht werden und die wir nicht erfüllen können. Doch bei der Gnade des Herrn dreht sich alles um Versorgung! Ich möchte dir beibringen, wie du die Versorgung durch den Herrn in größerem Maß und tiefgehender erfahren kannst und dir praktische Wege zeigen, wie du seine Versorgung in deinem Leben ungehindert und unvermindert fließen lässt. Stress, Sorge und Angst drosseln Gottes Zufuhr von Gunst, Weisheit und gutem Erfolg. Je besser du lernst, deine Ängste loszulassen, desto stärker wirst du seine Versorgung fließen sehen. Ich bin mir sicher, dass du durch die Nutzung dieses Arbeitsbuchs sehr ermutigt und gestärkt werden wirst, weil du darin Kapitel für Kapitel kraftvolle biblische Wahrheiten zum Umgang mit Stress kennen und anwenden lernen wirst.

Hier ist die gute Nachricht: Selbst wenn Sorge, Angst und Stress für dich zu langjährigen Wegbegleitern geworden sind, müssen sie dein Leben heute nicht mehr bestimmen. Stattdessen kannst du lernen, darauf zu vertrauen, dass der Herr sich um jede deiner Sorgen kümmert. Du kannst Hoffnung und Kraft empfangen, um dich jedem neuen Tag zuversichtlich und unerschrocken in seiner unerschütterlichen und persönlichen Liebe zu dir zu stellen. Du kannst dich von den Fesseln der Vergangenheit befreien, dich auf die Zukunft freuen und trotz aller Herausforderungen die Gegenwart genießen.

Selbst wenn du dich nicht übermäßig gestresst fühlst, hoffe ich dennoch, dass du den Fragen und den Wahrheiten, auf die dieses Arbeitsbuch dich hinweist, deine Aufmerksamkeit schenkst. Warte nicht, bis es zu spät ist und der Stress in deinem Leben ein zerstörerisches Ausmaß erreicht hat. Jetzt ist der Moment, um

Stress, Angst, Depression und Furcht zu überwinden. Ich bete, dass du heute die Kraft des Loslassens entdeckst und die Freiheit eines Lebens der Ruhe in der Liebe des Vaters erfährst.

Liebe Leserin, lieber Leser, du wurdest von Gott nicht dafür geschaffen, unter Stress zu leben; du wurdest dazu berufen, ein Leben der Ruhe zu führen. Das Leben der Ruhe ist ein Leben des Sieges. Komm mit mir, mein Freund, lass uns anfangen, das *Leben des Loslassens* zu führen – ein vollwertiges Leben, frei von Stress, Sorge und Angst!

HINWEISE ZUR NUTZUNG DIESES ARBEITSBUCHS

Ich freue mich sehr, dass du dich entschieden hast, dieses Arbeitsbuch zu nutzen, das mein Buch *Lass los und lebe: Wie man frei wird von Stress, Sorge und Angst* ergänzt. Dieses Arbeitsbuch zeigt dir, wie du Stress und Ängste, die sich aus den alltäglichen Anforderungen und Belastungen des modernen Lebens ergeben, erfolgreich überwinden kannst. Wenn du die Fragen aufmerksam studierst, wirst du entdecken, dass du von Gott nicht dazu bestimmt bist, unter Stress zu leben, sondern dazu berufen bist, ein Leben der Ruhe zu führen.

Dieses Arbeitsbuch wurde so gestaltet, dass es sich für das Selbststudium zur persönlichen Weiterentwicklung eignet, aber auch für das Studium in Kleingruppen, wie zum Beispiel in einem Hauskreis oder in einer Lesegruppe. Welchen Verwendungszweck du auch im Sinn hast, du wirst reichlich Gelegenheit finden, dem Herrn persönlich zu begegnen, wenn du dir Zeit nimmst, sein Wort zu studieren und darüber nachzusinnen. Dabei wirst du hören, wie sein Geist zu dir spricht und deinem Herzen und deiner Seele seine Liebe, seine Gnade und seinen Frieden vermittelt.

Die einzelnen Kapitel sind übersichtlich und benutzerfreundlich gestaltet. Um jedes Kapitel bestmöglich zu nutzen, empfiehlt es sich, zunächst das entsprechende Kapitel im Hauptbuch – *Lass los und lebe* – zu lesen. Damit verschaffst du dir ein besseres Verständnis über die entsprechenden Hintergründe. Wenn du nicht sicher bist, wie du eine bestimmte Frage beantworten sollst, die auf einer Lehreinheit des Hauptbuchs basiert, findest du am Ende dieses Buches einen hilfreichen Antwortleitfaden, auf den du zurückgreifen kannst. Er behandelt alle Fragen mit Ausnahme derer, die eine persönliche Antwort erfordern.

Falls du dich entscheidest, dieses Arbeitsbuch in einer Kleingruppe zu verwenden, ist es für alle Teilnehmer sinnvoll, sich vor jedem Treffen vorzubereiten. Jeder sollte sich Zeit nehmen, die themenbezogenen Textstellen durchzulesen und darüber nachzudenken, inwiefern die dort gestellten Fragen persönliche Bedeutung haben. Das verleiht eurem Gruppenstudium mehr Tiefe und macht die Treffen fruchtbarer und nutzbringender für alle.

Da dieses Arbeitsbuch sehr persönliche Fragen stellt, sollte beim Gebrauch in einem Gruppenumfeld darauf geachtet werden, dass sensible oder private Gesprächsinhalte innerhalb der Gruppe bleiben. Verschwiegenheit, Anstand und gegenseitiger Respekt bilden die Grundlage für eine gesunde Gruppe, in der sich alle sicher fühlen. Verpflichtet euch, einander in Liebe zuzuhören, und ermutigt euch gegenseitig in der Gnade unseres Herrn Jesus und in der Offenbarung von Schriftstellen und Wahrheiten, die ihr gemeinsam erkundet.

Lieber Freund, ich glaube mit dir, dass jede Einheit, ob im persönlichen Studium oder innerhalb einer Gruppe, dich mit Hoffnung und mit Glaube an die Liebe des Herrn zu dir erfüllen wird und du feststellen wirst, wie Sorge und Angst allmählich ihre Macht in deinem Leben verlieren. Mögest du lernen, Stress loszulassen, und erleben, wie Gottes Gnade ungehindert in die sorgenfreien Bereiche deines Lebens fließt!

1.
LASS LOS

Deine offene To-do-Liste zerrt dich mit nicht enden wollenden Forderungen, Pflichten und Fristen gleichzeitig in fünfundzwanzig verschiedene Richtungen. Da sind Rechnungen, die bezahlt werden müssen, Gesundheitsprobleme, um die du dich kümmern musst, Kinder, die deine Aufmerksamkeit brauchen, und unüberschaubare Berge an E-Mails und Textnachrichten, die auf Antwort warten. Wenn es Abend wird, fällt es dir schwer, all diese herumwirbelnden und belastenden Gedanken auszuschalten.

1. **Wir müssen die Pausentaste drücken, Abstand gewinnen vom hektischen Treiben und einfach mal *zuhören*. Was ist das Wichtigste, das wir hören müssen?**

2. **Vielleicht hast du schon von einer Bewegung gehört, die sich einem modernen Minimalismus verschrieben hat, bei dem sich alles darum dreht, das eigene Umfeld zu vereinfachen**

und zu entrümpeln. Der Grundgedanke, der hinter dieser Bewegung steht, lautet: Wenn du *äußerlich* aufräumen kannst, wirst du *innerlich* Frieden finden. Wie lautet im Gegensatz dazu der Grundgedanke in »Lass los und lebe«?

Deine Sorgen loszulassen und sie den Händen des Einen zu übergeben, der das Universum erschaffen hat, ist das Wirkungsvollste, was du tun kannst. Damit erkennst du an, dass du selbst nichts ausrichten kannst, *er aber schon*, und du trittst zur Seite, sodass seine Versorgung in jeden Bereich deines Lebens fließen kann. Du triffst die Entscheidung, still zu sein und ihn Gott sein zu lassen (siehe Ps 46,10); abzuwarten und zuzusehen, wie er dich retten wird (siehe 2Mo 14,13 GNB)!

3. **Präge dir 1. Petrus 5,7 ein. Welche Botschaft der Hoffnung für heute und für deine Zukunft findest du darin?**

4. Als Jesus die Frage stellte: »Wer von euch kann sich denn durch Sorgen das Leben auch nur um einen Tag verlängern?« (Lk 12,25 NEÜ), was wollte er uns damit sagen?

5. Erkläre, was es im Hinblick auf chronischen Stress bedeutet, Leben zu haben und es *im Überfluss zu haben* (siehe Joh 10,10).

6. Lies die Geschichte von meiner Begegnung mit der Dame im Flugzeug. Welches wirkungsvolle Prinzip spiegelt sich in der Befreiung dieser Frau von ihrer Flugangst wider, das auch dir dabei helfen wird, mit jeder Art von Problem fertigzuwerden?

Lies meine Vision von den goldenen Röhren, die vom Himmel herunterreichten und aus denen sich goldenes Öl auf einen Gläubigen ergoss. Durch jede dieser Röhren floss konstante Versorgung für die verschiedenen Lebensbereiche dieses Gläubigen. Dieses Bild veranschaulicht deutlich, warum es so wichtig ist, deine Sorgen dem Herrn zu überlassen.

7. **Welchen Lebensbereichen eines Gläubigen dienen diese Röhren?**

8. **Was behindert den Zufluss zum Gläubigen? Was lässt die Versorgung wieder frei fließen?**

9. **Auf welcher Grundlage kann die himmlische Versorgung in *jeden* Bereich unseres Lebens fließen?**

Unser himmlischer Vater ist seit jeher der Versorger aus seiner Gnade. Er ist der Gott, der Brot vom Himmel regnen und Wasser aus hartem Felsen quellen ließ. Er ist der Gott, der das Mittagessen eines kleinen Jungen so reichlich vermehrte, dass fünftausend Menschen damit gespeist werden konnten und sogar noch zwölf Körbe mit Essensresten übrigblieben. Er ist der Gott, der Wasser zu Wein verwandelte und einen Fischer mit einem Netze zerreißenden und Boote versenkenden Fang versorgte. Der Zufluss ist nicht das Problem! Das Problem liegt darin, dass wir seine Versorgung in den Bereichen, in denen wir besorgt sind, drosseln. Wir müssen nur loslassen, damit seine Versorgung ungehindert in unser Leben fließen kann!

10. **Was stellst du in Bezug auf Sorgen und die Kraft des Loslassens fest? Schreibe ein Gebet an den Herrn und sage ihm, wie du dich fühlst, wenn du über diese Wahrheiten nachdenkst.**

11. Lies Anitas kraftvolles Zeugnis. Woran erinnerte der Herr sie immer, wenn Rechnungen fällig waren? Was sollte sie jedes Mal tun?

12. Belindas Heilungszeugnis nahm seinen Anfang, als sie sich weigerte, der Furcht nachzugeben, und stattdessen an Gottes Verheißungen festhielt. Warum ist die Aussage, dass du einfach nur aufhören musst, dir Sorgen zu machen, und Gott dann für alles sorgen wird, falsch?

13. Der junge Student an einem christlichen College lernte, dass er loslassen (L-E-T G-O) musste, um Gott machen zu lassen (L-E-T G-O-D). Nimm dir einen Moment Zeit, um darüber nachzudenken. Welche Ermutigung gibt dir diese Geschichte?

2.

SIEH DIR NUR DIE VÖGEL AN

Viele von uns sind wie der Archäologe in der Geschichte am Anfang von Kapitel 2. Wir klammern uns in der gleichen Weise an unsere Sorgen, unseren Stress und unsere Ängste, wie dieser Mann sich mit aller Macht an sein Seil klammerte. Wir klammern uns fest, indem wir uns um unsere Gesundheit sorgen, wir machen uns Sorgen wegen unserer Finanzen, Sorgen um unsere Familie und befürchten, dass alles, was an schlimmen Dingen in unserem Leben passieren kann, auch eintreffen wird. Doch Gott will *nicht*, dass wir so leben. Er möchte, dass wir loslassen! Wenn wir loslassen und unsere Sorgen ihm übergeben, fängt er uns auf und hält uns mit seinen ewigen Armen der Liebe fest. Wie die Bibel es sagt: »WER AN IHN GLAUBT [an ihm festhält, ihm vertraut, sich auf ihn verlässt], WIRD [in seinen Erwartungen] NICHT ENTTÄUSCHT WERDEN« (Röm 10,11 AMP).

1. **Schreibe dir Matthäus 6,25 heraus und höre den Herrn Jesus diese Worte zu dir sprechen, so wie er es in seiner Bergpredigt getan hat.**

2. **Ist dein Leben davon geprägt, dass du deine Sorgen *festhältst*? Oder davon, dass du deine Sorgen *loslässt* und sie dem Herrn übergibst? Wie würdest du gerne leben? Sprich mit dem Herrn darüber und übergib ihm all die Sorgen, die er dir gerne abnehmen möchte.**

Jesus führte seine Bergpredigt fort, indem er sagte: »Seht die Vögel des Himmels an: Sie säen nicht und ernten nicht, sie sammeln auch nicht in die Scheunen, und euer himmlischer Vater ernährt sie doch. Seid ihr nicht viel mehr wert als sie?« (Mt 6,26).

3. **Was lehren uns die Vögel über das Leben? Welche Zuversicht und Hoffnung gibt uns das?**

Der Teufel weiß, dass Gottes Gnade genau in dem Bereich, über den du dir Sorgen machst, nicht frei fließen kann. Wenn der Teufel also erreicht, dass du ständig voller Sorge bist, kann er dich damit erfolgreich in einem Zustand der Niederlage festhalten. Eines musst du verstehen: Ein sorgenvoller, gestresster und verängstigter Gläubiger ist ein *besiegter* Gläubiger. Das ist nicht das

Leben voller Glauben, Sieg, Fülle, Gunst und gutem Erfolg, das Jesus uns erworben hat.

4. **Wovon verspricht der Herr in Psalm 91 uns als Erstes zu befreien? Erläutere, was es bedeutet, wenn du als Gläubiger unter dem Schutz des Höchsten wohnst und im Schatten des Allmächtigen bleiben darfst.**

5. **Die Bibel lehrt uns, gute Verwalter unserer Finanzen zu sein, nicht mehr auszugeben, als wir verdienen, unsere Schulden auszugleichen, großzügig, aber umsichtig mit unserem Geld umzugehen, etwas anzusparen und für die Zukunft zu planen. Was lehren die Vögel uns darüber, wie wir all diese Dinge tun können?**

Jesus lehrte, dass wir einen himmlischen Vater haben, der die Dinge, die wir durchmachen, und den Druck, unter dem wir stehen, bis ins kleinste Detail kennt, und dass dieser Vater möchte, dass wir unsere Sorgen ihm überlassen, weil *er für uns sorgen wird*!

6. **Jesus sagte: »Euer himmlischer Vater nährt sie« (Mt 6,26). Warum ist dieses Wort so wunderbar und wichtig? Wie fühlst du dich mit diesem Wissen?**

Jesus fügt hinzu: »Ihr seid Gott kostbarer als ein ganzer Schwarm Spatzen« (Mt 10,30 NLB). Wenn dein himmlischer Vater sie ernährt und so sorgfältig über sie wacht, wie viel mehr wird er dann für dich sorgen und sich um deine alltäglichen Bedürfnisse kümmern!

7. **Welchen Wert hast du laut dem Wort Gottes? Wie viel bist du Gott wert?**

8. Welche Zuversicht gibt dir die Offenbarung, dass Gott dich mit einer persönlichen und tiefgehenden Liebe liebt? Nimm dir einen Moment, um dem Herrn zu danken und ihm zu sagen, wie glücklich dich das macht.

9. Wie traten Casey und ihr Ehemann nach Jahren voller Mangel und großem Stress in eine überfließende Versorgung mit Gottes Gnade ein?

10. Wie verändert die Offenbarung, dass du von deinem himmlischen Vater ungemein geliebt und geschätzt wirst, die tiefe Besorgnis über deine Finanzen, deine Familie oder deine Gesundheit?

11. Wie kannst du beginnen, Heilung zu erfahren, wenn negative Erfahrungen, Enttäuschungen und Rückschläge dein Herz erschüttert und dein Vertrauen auf Gottes Liebe geschmälert haben?

Lass heute der Tag sein, an dem du die Entscheidung triffst, deine Ängste an deinen himmlischen Vater zu übergeben und zu vertrauen, dass er für dich sorgt!

3.

ERFAHRE SEIN VOLLWERTIGES LEBEN UND VOLLKOMMENE GESUNDHEIT

Matthäus 6,25–34 ist einer der schönsten Abschnitte, die in der Bibel zu finden sind; der Herr selbst spricht hier auf dem Berg der Seligpreisungen. Wenn es dir schwerfällt, loszulassen und ein unbesorgtes Leben zu führen, rate ich dir dringend, diese Worte in dein Herz sinken zu lassen. Sie werden deine Sichtweise und dein Leben verändern! Die Kraft, um ein Leben des Loslassens führen zu können, liegt in diesen Worten, die direkt aus dem Mund unseres wunderbaren Retters kommen. Welche Riesen heute auch vor dir stehen mögen, höre dir diese Worte an:

> *Darum sage ich euch: Sorgt euch nicht um euer Leben, was ihr essen und was ihr trinken sollt, noch um euren Leib, was ihr anziehen sollt! Ist nicht das Leben mehr als die Speise und der Leib mehr als die Kleidung? Seht die Vögel des Himmels an: Sie säen nicht und ernten nicht, sie sammeln auch nicht in die Scheunen, und euer himmlischer Vater ernährt sie doch. Seid ihr nicht viel mehr wert als sie? Wer aber von*

euch kann durch sein Sorgen zu seiner Lebenslänge eine einzige Elle hinzusetzen?

Und warum sorgt ihr euch um die Kleidung? Betrachtet die Lilien des Feldes, wie sie wachsen! Sie mühen sich nicht und spinnen nicht; ich sage euch aber, dass auch Salomo in all seiner Herrlichkeit nicht gekleidet gewesen ist wie eine von ihnen. Wenn nun Gott das Gras des Feldes, das heute steht und morgen in den Ofen geworfen wird, so kleidet, wird er das nicht viel mehr euch tun, ihr Kleingläubigen?

Darum sollt ihr nicht sorgen und sagen: Was werden wir essen?, oder: Was werden wir trinken?, oder: Womit werden wir uns kleiden? Denn nach allen diesen Dingen trachten die Heiden, aber euer himmlischer Vater weiß, dass ihr das alles benötigt. Trachtet vielmehr zuerst nach dem Reich Gottes und nach seiner Gerechtigkeit, so wird euch dies alles hinzugefügt werden! Darum sollt ihr euch nicht sorgen um den morgigen Tag; denn der morgige Tag wird für das Seine sorgen. Jedem Tag genügt seine eigene Plage. — Matthäus 6,25–34

Die Medizin konnte nachweisen, dass Stress generationenübergreifend ist – ob jung oder alt, er verschont niemanden. In einer Studie berichteten 75 Prozent der befragten Amerikaner, während des vergangenen Monats mindestens ein Stresssymptom empfunden zu haben. Darunter fielen Gefühle wie Gereiztheit oder Ärger, Besorgtheit, Erschöpfung, Niedergeschlagenheit, Überforderung und Teilnahmslosigkeit. Stress kann sich sowohl auf deinen Körper als auch auf deine psychische Verfassung verheerend auswirken.

1. **Dieselbe Studie hob die vier häufigsten Stressquellen hervor: Geld, Arbeit, familiäre Verpflichtungen und gesundheitliche**

Sorgen. Was ist mit dir? Welche Stressquellen belasten dich am stärksten?

2. Was offenbarte Jesus mit seinen Worten, als er fragte: »Ist nicht das Leben mehr als die Speise und der Leib mehr als die Kleidung«?

3. Um zu veranschaulichen, dass *vollwertiges* Leben mehr als nur Nahrung ist, spricht er davon, wie Gott die Vögel in der Luft ernährt. Erkläre, was er damit meint.

4. **Um uns zu vermitteln, wie wir einen gesunden Körper haben können, erzählt uns unser Herr Jesus, wie Gott die Lilien und das Gras auf den Wiesen kleidet. Was genau an den Lilien sollen wir laut unserem Herrn betrachten? Was offenbart er uns über göttliche Gesundheit?**

Die Bibel sagt uns, dass das Gras des Feldes heute noch da ist, aber schon morgen geschnitten und in den Ofen geworfen wird. Und trotzdem kleidet Gott es und kümmert sich darum. Wenn Gott sich sogar um vergängliche Dinge kümmert, die so kurzlebig sind, wie viel mehr wird er sich dann um dich, sein wertgeschätztes und geliebtes Kind, kümmern und dich mit guter Gesundheit bekleiden!

5. **Weshalb konnte unser Herr Jesus davon sprechen, dass du seine göttliche Gesundheit empfangen kannst?**

6. **Schreibe dir Epheser 1,21, Lukas 1,37 und Psalm 91,7 heraus. Bewaffne dich mit diesen Verheißungen, sprich sie über jedes Symptom in deinem Körper aus, das dir Sorge bereitet,**

und empfange Gottes übernatürlichen Frieden, der dein Herz und dein Denken bewahren wird.

7. Nachdem er achtunddreißig Jahre lang an einer chronischen Hautkrankheit gelitten hatte und über hundert Ärzte ihm gesagt hatten, dass sein Zustand unheilbar sei, was brachte Benson letztendlich seine übernatürliche Heilung?

8. Nimm dir auf der Grundlage dessen, was du in diesem Kapitel gelernt hast, einen Moment Zeit, um darüber nachzudenken, wie du beginnen kannst, jeden Tag zuversichtlich und furchtlos zu leben, in der Liebe Gottes zu ruhen und dich am Herrn zu freuen.

4.

WIE MAN EIN UNBESCHWERTES LEBEN LEBT

Am Anfang meines Lernprozesses auf dem Weg zu einem Leben des Loslassens gab es etwas, das mich ganz besonders herausforderte, und das war meine Tochter. Ich hielt mich nicht für »besorgt« wegen ihr. Doch in Wirklichkeit verbarg ich in mir ein Herz, das sich ständig um die Gesundheit meines kleinen Mädchens sorgte. Das Problem war nur, dass sie immer öfter krank zu werden schien, je mehr Sorgen ich mir um sie machte! Schließlich zeigte der Herr mir, dass es gerade meine Besorgnis war, die ihn daran hinderte, sie mit Gesundheit versorgen zu können.

1. **Was sagte der Herr zu mir und wozu forderte er mich auf?**

2. **Was bedeutet das altenglische Wort für »Sorge« im Deutschen? Wie fühlt es sich *für dich* an, wenn du dir Sorgen machst?**

3. **Wir neigen dazu, uns um unsere Gesundheit, unsere Firma oder Arbeit, um unsere Ehe oder unsere Kinder zu sorgen. Was bereitet *dir* Sorge? Hat deine Sorge dazu geführt, dass du in den Bereichen, um die du dich sorgst, viel Frucht und Versorgung erfahren hast?**

Erinnere dich an das Bild von den goldenen Röhren, die uns vom Himmel herab Gottes vielfältige Gnadengeschenke zufließen lassen. Seine Gnade für uns hört *niemals* auf zu fließen. Doch wenn wir uns über etwas Bestimmtes Sorgen machen, ist es, als würden wir die Röhre, die in diesen Bereich die Versorgung bringt, umklammern und so fest zudrücken, dass diese Versorgung nicht mehr bis zu uns durchfließen kann. Der Herr zeigte mir, dass im Gegensatz dazu *die Gnade in den sorgenfreien Bereichen unseres Lebens frei fließt*!

4. Wofür fließt, dank dem vollbrachten Werk des Herrn am Kreuz, Gnade in unser Leben und wie kann diese ungehindert fließen?

5. In Matthäus 6,25 und 31–34 sagt unser Herr gleich drei Mal »Sorgt euch nicht«. Denk an all die Bedürfnisse, die du hast. Was meinte Jesus damit, als er sagte, dass uns »dies alles hinzugefügt wird«?

Jesus sagt uns aber auch, was von *größter* Wichtigkeit ist, bevor uns alle diese Dinge hinzugefügt werden können – nämlich nach dem Reich Gottes und nach seiner Gerechtigkeit zu trachten (siehe Mt 6,33).

6. Warum ist es wichtig, Gottes Gerechtigkeit zu verstehen, und was geschieht, wenn du es tust?

7. Verbringe etwas Zeit damit, über Römer 5,17 nachzusinnen. Welche Wahrheit vermittelt dieser Vers, die die Vorstellung überwindet, mit Gott erst »ins Reine« kommen zu müssen, bevor man seine Hilfe in einem Bereich der Not empfangen kann?

8. Können wir als Christusgläubige unsere Gerechtigkeit verlieren, wenn wir versagen? Warum ist das richtig oder falsch? Und weshalb ist es für uns so wichtig, das zu wissen?

Am Kreuz fand der göttliche Austausch statt. Als unser Herr Jesus mit unserer Sünde zur Sünde wurde, wurden wir zugleich gerecht mit seiner Gerechtigkeit. Die Bibel erklärt Folgendes: Denn er hat den, der von keiner Sünde wusste, für uns zur Sünde gemacht, damit wir in ihm [zur] Gerechtigkeit Gottes würden (2Kor 5,21). Und Römer 5,17 sagt uns, dass wir *im Leben herrschen* werden, wenn wir den Überfluss der Gnade und das Geschenk der Gerechtigkeit empfangen!

9. **Was bedeutet es, im Leben zu herrschen? Musst du dafür perfekt sein?**

10. **Schreibe ein Gebet an den Herrn. Sage ihm darin, wie du dich fühlst, wenn du über die Wahrheit nachdenkst, dass Gott dich auf der Grundlage dessen, was Christus getan hat, als gerecht ansieht.**

Jesaja 54,14 (LUT) sagt: »Du sollst auf Gerechtigkeit gegründet sein. Du wirst ferne sein von Bedrückung, denn du brauchst dich nicht zu fürchten, und von Schrecken, denn er soll dir nicht nahen.« »Bedrückung« im Alten Testament ist das, was wir heute »Stress« nennen.

11. **Wozu fordert der Vers dich auf, falls du häufig mit Stress und Furcht zu kämpfen hast?**

12. **Lies Calis wunderbares Zeugnis. Wem oder was schrieb sie die Segnungen zu, die ihre Familie in den Bereichen von Heilung und Versorgung empfing? – Wie kannst du das, was sie getan hat, auf die Bereiche anwenden, die dir Sorge bereiten?**

13. **Jesus sagte: »Darum sollt ihr euch nicht sorgen um den morgigen Tag; denn der morgige Tag wird für das Seine sorgen« (Mt 6,34), weil er will, dass du den heutigen Tag genießt. Warum ist es so wichtig, in der Gegenwart zu leben?**

5.

IM RHYTHMUS DER RUHE

Unser himmlischer Vater wünscht sich für uns ein langes und gutes Leben, das durch Segnungen und Gesundheit gekennzeichnet ist. Aus diesem Grund sagt der Schlussvers von Psalm 91: »Ich will ihn sättigen mit langem Leben und ihn schauen lassen mein Heil!« (Vers 16). Langes Leben, das dich sättigt, ist dein Erbteil in Christus!

1. **Wie würdest du den Rhythmus deines gegenwärtigen Lebens beschreiben?**

2. **Lieber Freund, dein himmlischer Vater liebt dich. Du bist sein Augapfel und er ist *für* dich (siehe Sach 2,8; Röm 8,31). Was sagt dir Jesaja 48,17 darüber, was dein Abba-Vater für dich will?**

Komm zur Ruhe, indem du dich von all den Stimmen zurückziehst, die ständig um deine Aufmerksamkeit heischen. Sei still und achte darauf, was der Herr durch sein Wort zu dir spricht.

Der hektische Rhythmus der heutigen Zeit, der dich durch dein Leben eilen lässt, mag das einzige sein, was du kennst und womit du vertraut bist. Stress, Sorge und Angst mögen unabsichtlich zu einem Lebensstil, einer Gewohnheit und vielleicht sogar zu einer Sucht geworden sein. Gott möchte nicht, dass dein Leben durch Stress verkürzt wird, sondern dass du im Einklang mit seinem Rhythmus der Ruhe lebst. Ich wünsche dir, dass du durch die Kraft des Kreuzes mit der Wahrheit des Wortes Gottes gefüllt und frei von der Bedrückung durch Stress wirst und in seinen Fluss der Ruhe eintauchst.

3. **Schreibe dir Matthäus 11,28–30 (NGÜ) heraus. Beachte, wie wichtig Jesus es nimmt, dass du müde, erschöpft und ausgebrannt bist. Sinne darüber nach, wie du in ihm *echte* Ruhe finden und frei und leicht leben kannst.**

4. **Was bedeutet »der ungezwungene Rhythmus der Gnade«?**

5. **Erläutere, was Jesus meint, wenn er sagt, dass er dir Ruhe für deine *Seele* geben will?**

6. **Jesu Einladung gilt jedem, der müde und erschöpft ist. Bist du bereit, ihr zu folgen? Schreibe ein Gebet, in dem du ihm deine Antwort gibst.**

7. **Was nennt uns Jesaja 30,15 als Schlüssel zu Stärke und langem Leben?**

8. **Welche Art von Leben ist laut Römer 10,11 und Jesaja 28,16 (ELB) unser Erbteil in Christus?**

Eines der Wörter für »Ruhe« im Hebräischen ist *nuah*. Dieses Wort taucht in 1. Mose 8,4 auf, wo es in der *King-James-Bibel* heißt: »Die Arche ruhte im siebten Monat«, und in 2. Mose 20,11, wo steht, Gott »ruhte am siebten Tag«. Von *nuah* stammt auch Noahs Name, also bedeutet Noahs Name »Ruhe«.

9. **Welche geistliche Bedeutung birgt die Tatsache, dass das Wort »Gnade« erstmals in 1. Mose 6,8 erwähnt wird, wo es heißt: »Noah aber fand Gnade in den Augen des HERRN«?**

10. **Warum sollten wir vermeiden, dass das System, das unseren Körper auf Stress reagieren lässt, indem es eine »Kampf-oder-Flucht-Reaktion« auslöst, permanent aktiv ist?**

11. **Der ursprüngliche Gedanke des hebräischen Wortes *nuah* (Ruhe) liegt im Atemholen. Wie verhält sich das zu tiefem Atmen als eine von verschiedenen Techniken, um die Stressreaktion unseres Körpers zu zügeln?**

Lieber Freund, du musst nicht mit dem Rest der Welt im Hamsterrad laufen oder deine ganze Energie darauf verwenden, hektisch die Karriereleiter hinaufzuklettern, nur um zu spät festzustellen, dass sie am falschen Gebäude lehnte. Die Bibel sagt uns, dass nicht immer der Schnelle das Rennen macht oder der Starke den Kampf gewinnt, »denn sie sind alle von Zeit und Umständen abhängig« (Pred 9,11). Die Welt mag sich auf mühevolles Rackern verlassen, um voranzukommen, aber nur Gott kann dich zur richtigen Zeit an den richtigen Ort bringen. Du kannst in ihm ruhen und dich von ihm an die Hand nehmen und im Einklang mit seinem Rhythmus durchs Leben führen lassen – dem ungezwungenen Rhythmus der Gnade … und der Ruhe!

12. **Schreibe die Bereiche auf, in denen du dich selbst angetrieben hast, um deiner Sorge und Furcht einen Schritt voraus zu sein. Bitte den Herrn dir zu zeigen, wie du dir den ungezwungenen Rhythmus der Gnade aneignen kannst, um ein Leben des Loslassens zu führen.**

6.

IM RHYTHMUS DER GNADE LEBEN

Kapitel 4 und 5 des Markusevangeliums geben uns einen Einblick in *einen* Tag im Leben unseres Herrn Jesus. Dabei können wir beobachten, wie er alles im Rhythmus der Gnade tat. Wir sehen, wie er, nachdem er einen ganzen Tag damit zugebracht hatte, die Menschenmenge zu unterweisen, den See Genezareth überquerte, um den in der gesamten Bibel am schlimmsten von Dämonen besessenen Menschen zu befreien. Während er im Boot war, wies er den Wind und die Wellen zurecht und stillte das aufgewühlte Wasser. Später heilte er die an Blutungen leidende Frau und weckte anschließend Jairus' Tochter von den Toten auf. All das an *einem* Tag.

1. **Beschreibe basierend auf obiger Schilderung (siehe Markus 4,33–5,43), wie der Rhythmus der Gnade unseres Herrn in Aktion aussieht.**

2. **Nachdem du gelesen hast, was Jesus getan hat, wie fühlst du dich in dem Wissen, dass unser Herr Jesus auch dein Rufen hört, sich nach dir ausstreckt und möchte, dass du seine unerschütterliche Liebe erfährst und von jeglicher Bedrückung, die dich gebunden hält, frei wirst?**

Durch Jesu Lehre in Johannes 15,4–5 über ihn selbst als Weinstock und uns als Reben zeigt unser Herr uns, wie wir im selben Rhythmus leben können, in dem er lebte. Unser Herr Jesus ist der wahre Weinstock und wir sind die Reben. Der Weinstock und die Reben gehören zusammen. Was also ist die Aufgabe der Reben? Zu bleiben. Sei einfach eine Rebe und bleibe, wo du bist. Denn wir sind bereits dort, wo wir hingehören – es gibt keinen Ort, zu dem wir erst gelangen müssen. So einfach hat es der Herr für uns gemacht.

3. **Welche ist die einzige an uns gestellte Bedingung (in Johannes 15,4–5), damit wir Frucht tragen können?**

4. Wie würde dein Leben als »Rebe« in der Praxis aussehen, wenn du im Weinstock bleibst?

5. Warum muss der Herr uns die Anweisung geben, »bemüht [zu] sein, in diese Ruhe einzugehen« (Hebr 4,11 LUT), obwohl im Weinstock zu bleiben doch so einfach klingt?

Die einzige Mühe, zu der Gott uns aufruft, ist die Bemühung darum, in seine Ruhe einzutreten. Und wenn du dann in ihm ruhst, wirst du in jedem Bereich deines Lebens *viel* Frucht bringen! Je mehr du in ihm bleibst und ruhst, desto stärker fließt die Versorgung.

6. Bedeutet in ihm zu bleiben, dass wir passiv und faul werden?

7. **Wie wirkt Gott in uns und durch uns, wenn wir ruhen?**

8. **Dass Jesus der Weinstock und wir die Reben sind, lässt sich auf andere Weise mit dieser Wahrheit sagen: »Wie er ist, so sind auch wir auf dieser Welt« (1Joh 4,17). Präge dir diesen Vers gut ein und bewahre ihn in deinem Herzen. Halte in einer mutigen Erklärung schriftlich fest, dass er gesund, stark und heil ist und du es deshalb ebenfalls bist. Verwende das, um dieselbe Gesundheit zu empfangen, die in ihm fließt.**

Jesus sagte: »Eine jede Rebe an mir, die keine Frucht bringt, nimmt er weg« (Joh 15,2). Wenn wir diesen Vers genau studieren, erkennen wir, dass dieses »wegnehmen« in Wirklichkeit das griechische Wort *airo* ist, was in diesem Zusammenhang »hochheben« bedeutet.

9. Warum sollte er die Rebe hochheben müssen, damit sie Frucht trägt?

10. In allen Evangelien sehen wir, wie unser Herr Jesus Menschen aufrichtet (*airo*), sie zum Leben erweckt, sie wiederherstellt. Johannes 15,2 sagt uns weiter, »eine jede [Rebe], die Frucht bringt, reinigt er, dass sie mehr Frucht bringe«. Was bedeutet das griechische Wort für »reinigen«?

11. Wie kannst du, nachdem du durch das Blut Jesu von deinen Sünden reingewaschen bist, täglich »deine Füße mit Wasser waschen«?

12. Lies in Lukas 10,38–42 die Geschichte von Maria und Marta. Welche »eine Sache ist nötig« und was geschieht, wenn du dieses Eine tust?

Unser Herr Jesus selbst gab dieser einen Sache den Vorrang. Durch alle Evangelien hindurch können wir verfolgen, wie er sich immer wieder von der Menge zurückzog und in die Wildnis hinausging, um Zeit mit seinem Vater zu verbringen (siehe Mt 14,23; Mk 1,35; Lk 5,16; 6,12).

13. Möchtest du im gleichen ruhevollen, entspannten Rhythmus leben, in dem auch unser Herr Jesus lebte? Wie kannst du von Jesu Beispiel lernen und dein Tempo zurücksetzen?

7.

RUHE BRINGT DIE VON GOTT BEFOHLENEN SEGNUNGEN

Die Bibel sagt uns, dass Gott »am siebten Tag von seinem ganzen Werk, das er gemacht hatte, [ruhte]. Und Gott segnete den siebten Tag und heiligte ihn, denn an ihm ruhte er von seinem ganzen Werk, das Gott schuf, als er es machte« (1Mo 2,2). Wir sehen also, dass die erste Erwähnung von Heiligkeit mit *Ruhe* verbunden ist.

1. **Sogar der Schöpfer des Himmels und der Erde ruhte. Sagst du dir oft, dass du keine Ruhe brauchst oder dass du es dir nicht leisten kannst, zu ruhen? Wie fühlst du dich nun, da du weißt, dass Ruhe *heilig* ist?**

Die Sabbatruhe war Gott so wichtig, dass er sie sogar in die Zehn Gebote mit einschloss (siehe 2Mo 20,8–11). Aber der Sabbat war schon lange bevor die Zehn Gebote gegeben wurden etwas göttlich Inspiriertes. Gott ruhte, weil er die Arbeit vollendet hatte (siehe 1Mo 31,17). Das war die Ruhe der Schöpfung.

2. **Weshalb hält Israel den Sabbat samstags ein, während für uns als an Christus Glaubende der Sonntag unser Ruhetag ist?**

Der jüdische Sabbat (oder Schabbat) beginnt freitagabends und endet samstagabends, weil der jüdische Tag am Abend *beginnt*, was Gott tatsächlich auch so vorgesehen hat: »Da ward aus Abend und Morgen der erste Tag« (1Mo 1,5 LUT).

3. **Was zeigt uns das darüber, wie nach Gottes Willen unser Tag beginnen soll?**

Oberste Priorität bei der Beachtung des Sabbats geben die Juden ihrer Beziehung mit Gott. Indem sie den siebten Tag zum Ruhetag machen, würdigen die Juden Gott als Schöpfer. Außerdem folgen sie damit dem Beispiel Gottes, das er ihnen gab, als er am siebten Tag ruhte.

4. Wie verhält es sich mit unserem Sabbat? Was sind die Schwerpunkte unseres Ruhetags?

5. Was ist der zweite Schwerpunkt während des jüdischen Sabbats?

6. Erkläre, weshalb es so wichtig für dich ist, Freundschaften im Reich Gottes zu haben, die dich ergänzen und dir Kraft spenden.

7. **Was sagt uns Psalm 92,13 darüber, Teil einer Ortsgemeinde sein, wenn wir gedeihen wollen?**

8. **Was lässt uns laut der Studie der Harvard-Universität glücklicher und gesünder sein? Nimm dir etwas Zeit, um den Herrn zu fragen, wie du diesen Aspekt in deinem Leben ausbauen kannst.**

9. **Was ist der dritte Schwerpunkt des jüdischen Sabbats und in welchem Zusammenhang steht das damit, dass Gott den Menschen als Letztes schuf.**

Die Pharisäer und Schriftgelehrten hatten alles auf eine Liste von Pflichten und Verboten reduziert und waren so eifrig um die Gesetze bemüht, die den Sabbat regelten, dass sie Gottes ursprüngliche Absicht vergaßen: Er wollte, dass die Menschen ruhten. Mit anderen Worten, Gott hat den Sabbat zum Wohl des Menschen geschaffen – nicht anders herum.

10. Lies Kolosser 2,16–17. Weshalb wurde der Sabbat eingerichtet und worauf sollte er hinweisen?

11. Die religiösen Leiter zu der Zeit Jesu waren wütend, dass Jesus am Sabbat Wunder wirkte, denn sie glaubten, er habe das Sabbatgesetz verletzt, indem er »arbeitete«. Was zeigt unser Herr Jesus uns über das wahre Wesen der Sabbatruhe?

12. Welche Ermutigung gibt es dir zu wissen, dass eine einzige Berührung von Jesus dich von jeder Beschämung, allem Stress und jedem Gebrechen befreien kann?

13. Weil die Kinder Israels das Land nicht jedes siebte Jahr ruhen ließen, wie Gott es befohlen hatte, wurden sie für siebzig Jahre in die Gefangenschaft geführt (siehe 2Chr 36,21). Inwiefern zeigt uns das, dass Gott an unserem Wohl interessiert ist, wenn er uns Ruhe verordnet?

14. Lies den Abschnitt »Ruhe bringt die befohlenen Segnungen«. Was bedeutet es, wenn Gott sagt: »Ich will meinen Segen auf dich befehlen« (siehe 3Mo 25,21)?

15. Welche zuversichtliche Gewissheit gibt dir der ungehinderte Fluss von Gottes befohlenem Segen und doppeltem Versorgungsanteil in deinem Leben, um dir dabei zu helfen, loszulassen und in der Ruhe zu bleiben, anstatt dich auf dein eigenes Abrackern und Schuften zu verlassen?

8.

DU SITZT MIT AUF DEM THRON

Oft haben wir das Gefühl, dass wir unmöglich in der Ruhe bleiben können, während uns ein Sturm von Widrigkeiten mit voller Wucht um die Ohren bläst. Und dennoch sagt uns das Wort Gottes, dass unser Herr uns einen Tisch der Versorgung, Zuteilung und Heilung *in Anwesenheit unserer Feinde* deckt – nicht in deren *Abwesenheit* (siehe Psalm 23,5). Du musst nicht warten, bis alle Probleme gelöst sind, bevor du ruhst. Selbst jetzt, in diesem Moment, kannst du dich zurücklehnen und am Festmahl teilnehmen, das er für dich zubereitet hat!

1. **Von welchen Feinden bist du heute umgeben? In welcher Weise ermutigt dich die Zusage in Psalm 23,5 dazu, den übernatürlichen Frieden und die Ruhe zu empfangen, die unser Herr Jesus seinen Geliebten gibt?**

2. Erkläre, basierend auf Psalm 110,1 und Epheser 1,20–23, was es bedeutet, die Haltung eines Menschen anzunehmen, der mit auf dem Thron sitzt. Wie begründet sich diese Haltung und warum dürfen wir sie einnehmen?

3. Im Alten Testament mussten die Priester dastehen und täglich den Gottesdienst verrichten, weil ihre Arbeit nie beendet war. Das Opfer, das sie darbrachten, konnte niemals die Sünden wegnehmen. Warum kann Jesus, unser Hoherpriester, zur Rechten des Vaters sitzen?

4. Lies den zweiten Absatz im Abschnitt »Wir können in Anwesenheit unserer Feinde ruhen«. Pass die Worte, die der Vater zu dir spricht – beginnend mit »Setze dich zu meiner

Rechten« –, an das an, was du gerade durchmachst, und lass sie deinem Herzen Friede bringen.

Gott befreite die Kinder Israels aus der Sklaverei in Ägypten und gab ihnen die feste Zusage, dass er sie in ein Land bringen würde, »das von Milch und Honig überfließt« (2Mo 3,8 ELB) – ein wunderbares Bild von Gottes überfließender Versorgung und Fürsorge. Die Früchte im verheißenen Land waren Granatäpfel, Trauben und Feigen, die allesamt an Bäumen und Reben hingen (siehe 4Mo 13,23). Man konnte dort von Reben und Bäumen ernten – ein Bild dafür, wie einfach und leicht es ist, an Gottes Verheißungen teilzuhaben. In diesem Land würden Städte sein, die sie nicht gebaut hatten, Häuser voller guter Dinge, die sie nicht selbst mit diesen Dingen gefüllt hatten, ausgehobene Zisternen, die sie nicht ausgehoben hatten, und Weinberge und Olivenhaine, die sie nicht angelegt hatten (siehe 5Mo 6,10–11). All das ist ein Bild dafür, was Gott für sie wollte – sie sollten in ein *vollbrachtes* Werk eintreten.

5. **Was stärkte Josua und Kaleb dermaßen, dass sie das Volk dazu auffordern konnten, keine Angst zu haben, sondern vielmehr sofort loszuziehen und das Land einzunehmen?**

6. **Was hielt die Kinder Israels davon ab, das Land einzunehmen, und wozu führte das?**

Den Kindern Israels wurde verboten, das verheißene Land zu betreten, weil sie Gottes Wort angezweifelt hatten. Doch anstatt zu sagen: »Sie sollen nicht in mein versprochenes Land eingehen«, sagte Gott hier: »Sie sollen nicht in meine Ruhe eingehen!« (Hebr 3,11) Gott nannte das verheißene Land »meine Ruhe«.

7. **Was ist das verheißene Land der heutigen Gläubigen?**

8. **Gottes Wort ermahnt uns immer wieder, uns »nicht zu fürchten« (siehe Jes 41,10; Lk 12,32). Wovor sollen wir uns laut Bibel trotzdem fürchten? Wie ermutigt dich das gleichzeitig?**

9. Fällt dir in Kimberlys Zeugnis auf, dass sie in unserem Herrn Jesus *ruhte*, noch bevor ihre Tochter wieder bei ihr einzog? Welche Offenbarung wünscht sich Gott für dich im Hinblick auf die Hilfe, die du von ihm benötigst?

10. Schreibe dir Jesaja 54,1–3 heraus und nimm dir einen Moment Zeit, um dem Herrn dafür zu danken, dass du an allem teilhaben kannst, was Jesus am Kreuz vollbracht hat.

11. Was spricht Gott deinem Empfinden nach persönlich zu deinem Herzen und lässt dich sogar inmitten deiner Widrigkeiten in Jubel ausbrechen und ihn als Sieger preisen? In welchen Bereichen kannst du damit anfangen, »die Seile deines Zeltes auszuspannen« und dich »nach rechts und links auszubreiten«?

9.

GEH AUF DIE WELLENLÄNGE DES FRIEDENS

Lies die erstaunliche Geschichte von der Heilung der blutflüssigen Frau und dann konzentriere dich auf das, was unser Herr Jesus zu dieser Frau sagte: »Meine Tochter, dein Glaube hat dich gesund gemacht; geh hin in Frieden und sei gesund von deiner Plage!« (Mk 5,34 LUT). In unseren Bibelübersetzungen heißt es: »Geh *hin* in Frieden«, aber im ursprünglichen griechischen Text lautet das verwendete Wort *eis* und es bedeutet »Geh *in* den Frieden *hinein*«. Wäre »in« die beabsichtigte Bedeutung gewesen, hätte man das griechische Wort *en* verwendet. Unser Herr Jesus sagte ihr also nicht einfach nur Lebewohl; er sagte ihr, sie solle *in* das Reich des Friedens *hinein*gehen, so wie man *in* ein Haus *hinein*gehen würde.

1. **Welche Ermutigung gibt dir die Tatsache, dass diese Frau sich nach Jesus ausstreckte und ihr Wunder empfing, wenn du durch eine lang andauernde Zeit voller Herausforderungen gehst?**

2. Der Friede, in den wir nach dem Willen unseres Herrn eintreten sollen, ist in Johannes 14,27 beschrieben. Schreibe dir Jesu Worte heraus und beschreibe sein kostbares Geschenk an uns.

3. Wie unterscheidet sich der Friede, den Jesus gibt, von dem Frieden, den die Welt gibt?

4. Unser Herr Jesus hat uns nicht allein und schutzlos in dieser Welt zurückgelassen. Was hat er uns in Johannes 14,25–26 versprochen?

5. Der Heilige Geist bringt uns nicht nur geistliche Dinge bei. Er wurde gesandt, um uns »alles« zu lehren. Erläutere, was das in der Praxis bedeutet. – Inwiefern tröstet dich das, wenn du dich von Anforderungen überwältigt fühlst?

6. Wie, sagt Jesaja 55, sollen wir lernen, vom Heiligen Geist geleitet zu werden und an allem teilzuhaben, was unser Herr Jesus am Kreuz getan hat?

7. Aufgrund von mangelndem Frieden entschied sich Kenneth, ein attraktives Stellenangebot abzulehnen, und erfuhr kurz darauf übernatürliche Gunst und Durchbrüche. Schreibe ein Gebet an den Herrn und bitte ihn darin, dir dabei zu helfen, immer empfindsam für seine Führung zu sein, und dich stets zur richtigen Zeit an den richtigen Ort zu bringen.

Gleich nachdem unser Herr Jesus uns sagt, dass der Heilige Geist uns alles lehren wird, fügt er hinzu: »Frieden hinterlasse ich euch; meinen Frieden gebe ich euch. Nicht wie die Welt gibt, gebe ich euch; euer Herz erschrecke nicht und verzage nicht!« (Joh 14,27).

8. Was sagt uns das darüber, warum es so scheint, als würde der Heilige Geist einigen Christen nichts beibringen und sie nicht zu einem siegreichen Leben führen?

9. Kolosser 3,15 sagt: »Und der Friede Gottes regiere in euren Herzen.« Was bedeutet das griechische Wort für »regieren« und wie kann das für uns zur Realität werden?

10. Vielleicht hast du vielen Dingen – Schlagzeilen, Kontoauszügen, Arztberichten oder Gerüchten über Personaleinsparungen – erlaubt, dein Herz zu regieren und dir Stress zu verursachen. Übe dich in dem Leben des Loslassens, indem du dem Herrn im Gebet für seinen Frieden dankst, der schon

dein Erbteil ist und immer bereitsteht, um dein Herz zu beschützen.

Gehen wir zurück zur Geschichte von der blutflüssigen Frau. Die Bibel sagt uns, dass, als sie Jesu Gewand berührte, »sofort die Quelle des Blutes [versiegte] und sie in *ihrem* Leib [spürte], dass sie von ihrem Leiden geheilt war« (Mk 5,27–29 EÜ). Jesus sagte ihr außerdem: »Meine Tochter, dein Glaube hat dich gesund gemacht« (Mk 5,34). Mit anderen Worten, sie war bereits geheilt worden.

11. **Warum sagte Jesus dann trotzdem noch zu ihr: »Geh hin in Frieden und *sei gesund* von deiner Plage« (Mk 5,34)?**

12. **Welche Offenbarung gibt unser Herr Jesus uns hier hinsichtlich dessen, nicht nur Heilung zu empfangen, sondern auch dauerhaft in göttlicher Gesundheit zu leben? Nimm dir einen Moment, um dem Herrn zu danken und ihm zu sagen, wie sehr dich das ermutigt.**

10.

ALLES UMFASSENDER *SCHALOM*

Als unser Herr Jesus beim letzten Abendmahl zu seinen Jüngern darüber sprach, ihnen seinen Frieden zu hinterlassen, hat er als Jude sicherlich Hebräisch gesprochen. Das eigentliche hebräische Wort, das Jesus für »Friede« benutzte, muss also *Schalom* gewesen sein. Folglich sagte er zu seinen Jüngern: »*Schalom* hinterlasse ich euch. Meinen *Schalom* gebe ich euch.« Auch zu der blutflüssigen Frau muss er gesagt haben: »Geh in den *Schalom* hinein.«

1. ***Schalom* ist ein allumfassendes Wort, das so viel mehr bedeutet als nur »Seelenfrieden«. Was ist seine volle Bedeutung?**

2. **Die Bibel sagt uns, dass wir in einem größeren Maß von *Schalom* leben können: »Gnade und Friede werde euch mehr und mehr zuteil in der Erkenntnis Gottes und unseres Herrn**

Jesus!« (2Petr 1,2) Wie wird er vermehrt – geschieht es, indem wir mehr *tun*?

Sobald wir den Frieden *von* Gott in unseren Herzen haben, stehen uns alle in seinem *Schalom* eingeschlossenen Vorteile – Gesundheit, Versorgung und Friede – frei zur Verfügung. Die zu stellende Frage lautet also nicht: »Haben wir es?« Denn es gehört uns ja schon! Die richtige Frage lautet: »Warum erfahren wir nicht mehr von seinem *Schalom*?«

3. **Wie können wir laut Johannes 14,27 den *Schalom*-Frieden Gottes in zunehmendem Maße in unserem Leben fließen lassen?**

4. **Warum ist es so wichtig, unsere Herzen nicht in Angst versetzen zu lassen?**

5. Konfrontiert mit echten Kämpfen kannst du seinen Frieden manchmal nicht *fühlen*. Wie kannst du in solchen Zeiten deinen ererbten Frieden in Besitz nehmen?

6. Viele der Briefe von Paulus beginnen mit einem Gnaden- und Friedensgruß (siehe 1Kor 1,3; Phil 1,2; Röm 1,7). Warum brauchen wir beides?

7. Gemäß 1. Petrus 5,6–8 ist unser Feind – der Teufel – bemüht, unseren Frieden zu stehlen, denn bevor er uns irgendetwas anderes stehlen kann, muss er zuerst unsere Herzen in Sorge versetzen. Doch wen kann er *nicht* verschlingen?

8. **Welche Wahrheit über die Überwältigung des Teufels steht in Römer 16:20? Wie fühlst du dich, wenn du das weißt?**

9. **Welche zwei wirkungsvollen Dinge kannst du tun, um »unverschlingbar« zu bleiben, wenn ein beunruhigender Gedanke dein Herz in Angst versetzen will?**

10. **Lies Rosabels erstaunliches Zeugnis. Was lernst du daraus über das In-der-Ruhe-Bleiben und darüber, Verse wie Johannes 14,27 laut auszusprechen?**

Das hebräische Wort *Schalom* ist mit dem Wort *schalem* verwandt, was »bezahlen« bedeutet. Wir können keinen *Schalom* haben – Wohlbefinden, Gesundheit, Versorgung und Friede – ohne Bezahlung. Unser Herr Jesus bezahlte den Preis für unseren *Schalom*, indem er litt und auf schreckliche Weise am Kreuz starb.

11. Warum ließ unser Herr zu, dass ihm all das widerfahren konnte?

12. Wenn du das Gefühl hast, Friede, Gesundheit oder Vergebung nicht zu verdienen, liegst du damit richtig. Aber was gibt dir dann ein Anrecht? Denk darüber nach, wie du diese Wahrheit nutzen kannst, um dein Herz zu beschützen, wann immer Sorge oder Furcht dich aufwühlen.

13. Lies im Abschnitt »Wie man ›unverschlingbar‹ wird« den Teil über das Spiel, zu dem der Herr mich ermutigte, als er mich lehrte, auf ganz praktische Weise in seinem *Schalom*-Frieden zu leben. Probiere es selbst aus. Jedes Mal, wenn du dein Herz ertappst, wie es unruhig wird, sage: »Dein Herz erschrecke nicht!« Notiere dir die Veränderungen, die du an dir selbst und in deinen Umständen feststellst.

11.

BEHÜTE VOR ALLEM DEIN HERZ

Um Stress entgegenzuwirken, greifen viele Menschen zu Dingen wie Tabak, Alkohol oder Beruhigungsmitteln, die schädliche Nebenwirkungen haben und oftmals zu Abhängigkeiten und anderen Beeinträchtigungen führen. Gottes Weg zur Bekämpfung von Angst und zu einem Leben in seinem Frieden ist weitaus besser und hat keinerlei negative Nebenwirkungen.

1. **Philipper 4,6–7 gibt uns den Schlüssel, wie der Friede Gottes unsere Herzen und unsere Gedanken bewahrt. Vergleiche diese Stelle mit Epheser 6,18. Was *ist* der Schlüssel, um dahin zu gelangen, dass du um nichts besorgt bist und dein Herz selbst inmitten von negativen Umständen von Gottes Frieden bewahren lässt?**

Die Welt versucht, dir Frieden in verschiedenen Formen zu verkaufen – Atemtechniken, entspannende Musik, beruhigende Essenzen und Rückzug in die Abgeschiedenheit. Gegen all das ist nichts einzuwenden. Doch wenn »Frieden« zu haben von äußeren Umständen abhängt, dann ist es kein wahrer, bleibender Friede. Friede muss aus deinem Herzen kommen, und nur der Herr Jesus kann dir diesen echten Frieden geben – einen Frieden, der stabil, stark, bleibend und von äußeren Umständen nicht beeinflussbar ist.

2. **Petrus war in einem verdreckten Gefängnis eingesperrt, an Händen und Füßen gefesselt und an zwei Soldaten festgekettet, die ihn ständig flankierten. In Erwartung des Prozesses und einer möglichen Hinrichtung, kann man sich seine Angst und Verzweiflung vorstellen. Doch was sagt uns Apostelgeschichte 12,7?**

3. **Jesus blieb vom Sturm auf dem See von Galiläa unberührt. Tatsächlich war er innerlich so voller Frieden, dass er diesen Frieden in seine äußeren Umstände brachte und das Meer beruhigte. Wie können auch wir so sein?**

Vor Jahren sagte der Herr mir etwas, das sich zu einer der Kernbotschaften meines Dienstes entwickelte: *Wenn du ein Wunder brauchst, dann bekommst du auch ein Wunder – solange du in der Ruhe bleibst.*

4. Was sagte Gott zu mir … und auch zu dir?

Sprüche 4,20 ermahnt uns, genau auf die anschließenden Worte zu achten, weil sie denen, die sie finden, *Leben* sind und *heilsam* ihrem *ganzen* Leib. Unmittelbar nach dieser Ermahnung weist die Bibel uns an, *mehr als alles andere unser Herz zu behüten.* Das bedeutet, wenn wir mehr als alles andere unser Herz behüten, wird uns das Leben bringen und Gesundheit für unseren *ganzen* Körper.

5. Was bedeutet es, unser Herz zu *behüten*, und warum ist es so wichtig?

6. **Wie geht es dir dabei, wenn du siehst, dass die Bibel dich dazu ermutigt, nur auf dein Herz achtzugeben, und nicht auf all das, was nicht gut läuft?**

In 2. Könige wird die beeindruckende Geschichte einer Schunemiterin erzählt, die, als ihr Sohn starb, ihrem Mann nichts davon erzählte, sondern ihm nur sagte, dass sie sich auf die Suche nach dem Propheten Elisa machen würde. Inmitten dieses bedrückenden Szenarios sagte sie einfach: »Es ist gut!« (2Kö 4,23.26). Wenn du die Wendung »Es ist gut« mithilfe eines Hebräisch-Wörterbuchs untersuchst, wirst du feststellen, dass sie aus einem einzelnen hebräischen Wort besteht – *Schalom.*

7. **Was bekannte und verkündete diese Frau trotz ihrer »tiefen Betrübnis« (2. Könige 4,27) wiederholt, und was sagte sie nicht?**

8. **Diese Schunemiterin hatte ein solides Verständnis von *Schalom* und war deshalb in der Lage, ihr Herz angesichts größter Not und Widrigkeit zu beschützen, indem sie auf ihren Mund achtete. Welche Wechselbeziehung besteht zwischen Mund und Herz?**

9. **Wie kannst du, ungeachtet deiner Situation, die Kraft von Jesu *Schalom* freisetzen?**

Als Jesus von den Toten auferstanden war und er mitten unter seine verängstigten Jünger trat, waren seine ersten Worte an sie: »Friede *sei* mit euch«, wobei er das Wort *Schalom* benutzte. Dann zeigte er ihnen seine Hände mit den Nagelmalen und seine durchbohrte Seite – als Belege dafür, dass er für ihren *Schalom* bezahlt hatte, und als Zeichen für ihren garantierten Frieden.

10. **Warum versucht der Feind, unsere Münder zu verschließen, sodass wir nicht den *Schalom* aussprechen und Gottes Verheißungen verkünden?**

11. **Finde drei Bibelstellen, die Bereiche behandeln, die dich gegenwärtig beunruhigen, und notiere sie dir. Sprich diese Verse über deine Situation aus, wann immer du Angst verspürst!**

12.

FRIEDE IN DEINEM GEWISSEN

Wir haben gesehen, wie mächtig der Friede Gottes ist – dass Friede im Inneren sogar die äußere Situation verändern kann, dass sein Schalom allumfassend ist und sich auf jeden Bereich unseres Lebens auswirkt und dass unser Herr Jesus uns seinen eigenen Frieden hinterlassen hat. Doch solange du in deinem Gewissen keinen beständigen Frieden gefunden hast, kannst du nicht uneingeschränkt empfangen, was der Herr Jesus für dich erworben hat.

1. **Was müssen wir verstehen, um *beständigen Frieden* in unserem Gewissen zu haben, wie es sich in dem widerspiegelt, was der Herr mir bezüglich der quälenden Gedanken sagte, die ich als Teenager hatte?**

2. **Wie hat Jesus es uns ermöglicht, echten Frieden in unserem Gewissen zu haben?**

Gott liebt uns. Er ist *für* uns, und nicht gegen uns. Er will nicht, dass wir unter ständiger Verdammung und im fortwährenden Bewusstsein von Sünde leben, ohne die Zuversicht, dass uns vergeben wurde. In derartiger Unsicherheit liegt kein Frieden! Er bezahlte den ultimativen Preis, um unsere Rechtfertigung zu erwerben, um uns das Geschenk zu geben, nicht mehr verurteilt zu werden, um jede Mauer niederzureißen, die uns von seiner Liebe fernhält.

3. **Hebräer 10,10 sagt uns, dass wir durch die eine Opferung des Leibes Jesu Christi »ein für alle Mal« geheiligt sind. Inwiefern gibt dir das Hoffnung und Frieden in deinem Gewissen, wenn du dich verdammt und sündenbewusst fühlst?**

4. Lies Römer 8,31–29 langsam und Wort für Wort durch. Lass die darin enthaltenen Wahrheiten tief in deinen Geist eindringen, wo sie alle Unsicherheit, Furcht und Zweifel in deinem Herzen, ob du von der Liebe Gottes getrennt werden kannst, verstummen lassen. Welche Zuversicht und Hoffnung gibt dir das?

5. Was geschah laut Römer 5,1–2 in dem Moment, in dem du Christus als deinen Herrn und Retter annahmst?

6. Bedeutet das, wir sollten uns nicht damit aufhalten, gute Werke zu tun? Wie werden diese hervorgebracht, wenn wir seine Gerechtigkeit als Geschenk empfangen?

7. **Welche Wahrheit, die schließlich ihre Drogensucht brach, glaubte Stephie?**

8. **Welche Wahrheit glaubte Jason, die seinen Ängsten ihre Macht nahm?**

9. **Um dieses reine Geschenk des Friedens zu erhalten, müssen wir nichts weiter tun, als an ihn, der diesen Frieden möglich gemacht hat, vertrauensvoll zu *glauben*. Wie fühlst du dich mit diesem Wissen?**

10. Inwiefern ist ein Israelit, der seine Türpfosten mit dem Blut bestrich und dann trotzdem die ganze Nacht lang um seinen Erstgeborenen bangte, ein Bild für viele Gläubige? Wie können wir mit unserer Sorge um unsere Kinder oder in allen anderen Bereichen anders umgehen?

11. Was befähigte Abraham, stark zu sein im Glauben?

12. Warum sandte Gott seinen einziggeborenen Sohn, um das Lamm zu sein, das unsere Sünden wegnimmt, und um jegliche Bestrafung und jedes Urteil, das wir verdient hätten, auf sich selbst zu nehmen?

13. Wofür stand Jesu Dornenkrone und was bedeutete sie?

Er bezahlte den Preis für unseren inneren Frieden. Empfange jetzt in Jesu Namen diesen Frieden. Sage: »Ich habe inneren Frieden. Ich habe den Sinn Christi. Alles ist bezahlt und ich empfange es jetzt in Jesu Namen.«

14. Welche bemerkenswerte Zusage wird uns in Jesaja 26,3–4 gegeben?

15. Hiob 22,21 sagt, »Gutes wird über dich kommen«, wenn du Frieden mit Gott hast. Und 1. Petrus 3,10–11 sagt, dass wir »das Leben lieben und gute Tage sehen« werden, wenn wir »den Frieden suchen und ihm nachjagen«. Wie stärken diese und andere kraftvolle Wahrheiten in diesem Kapitel dein Herz mit beständigem Frieden?

13.

BLEIB STEHEN

Kannst du dir vorstellen, wie sich die Kinder Israels gefühlt haben müssen – hinter ihnen die zum Angriff bereiten, gnadenlosen Truppen des Pharao und vor ihnen, ausgestreckt wie ein nasses Grab, das Rote Meer? Doch statt das Volk aufzufordern, sich zu bewaffnen, sagte Mose zu den Menschen: »Fürchtet euch nicht! Steht und seht die Rettung des HERRN, die er euch heute bringen wird! Denn die Ägypter, die ihr heute seht, die werdet ihr weiterhin in Ewigkeit nicht mehr sehen. Der HERR wird für euch kämpfen, ihr aber werdet still sein« (2Mo 14,13 ELB).

1. **Was passierte, als die Kinder Israels still blieben?**

2. **Durch ein Wunder gingen die Israeliten »auf trockenem *Land* mitten in das Meer hinein« (2Mo 14,22 ELB) und das Heer des Pharao wurde zerstört. Was sagt dir das über Situationen, in denen du scheinbar ausweglos gefangen bist? Wie stärkt das dein Herz?**

Du brauchst dich nicht vor den Problemen des morgigen Tages fürchten, weil du einen Gott hast, der vor dir hergeht, um dich zu leiten und dir den Weg freizuräumen. Du musst auch keine Angst vor Angriffen aus dem Hinterhalt haben, denn der Gott Israels ist zugleich deine Nachhut (siehe Jes 52,12).

3. **Weshalb brauchst du dich nicht zu fürchten, selbst wenn es so wirkt, als würden Feinde und Herausforderungen von allen Seiten über dich herfallen?**

4. **Das hebräische Wort für Rettung ist *Jeschua*. Was sagt die Bibel somit in 2. Mose 14,13?**

5. Die Menschen der Welt schreien: »Tu etwas!« Wenn sie still dastehen, geschieht nichts. Aber was geschieht und was tun wir, wenn *wir* still stehen bleiben?

6. Inmitten der Wüste, als sein Volk hungrig und durstig war, versorgte Gott es mit Manna und Wasser – nicht mit Gold und Edelsteinen. Was sagt das darüber aus, was er für uns tun wird?

7. Ohne den Herrn hätten die Israeliten in der Wüste keine Wachteln als Nahrung und kein Wasser vom Felsen gehabt. Welche kraftvolle Wahrheit wird uns damit hinsichtlich der Einstellung vermittelt, die wir nach Gottes Willen haben sollen?

8. Gott wies die Priester des Alten Testaments an, keine Kleidung zu tragen, die *schweißfördernd* war. Was spricht Gott zu deinem Herzen über Bereiche in deinem Leben, bei denen du »ins Schwitzen« gerätst?

9. Verfasse eine schlagkräftige Erklärung, die du jedes Mal aussprechen kannst, wenn der Feind zu wissen verlangt: »Was wirst du in dieser Sache unternehmen?«

10. Warum ist es so bedeutsam, dass Jesus im Garten Gethsemane sein Blut für uns zuerst auf seiner Stirn ausschwitzte (siehe Lk 22,44)?

11. Das Wurzelwort des hebräischen Wortes für »Schweiß« bedeutet »bangen, zittern, beben, schreckliche Angst haben« oder »(von Angst) aufgewühlt sein« oder »jemanden bekümmern«. Schweiß geht einher mit Unruhe und Kummer. Wovon erlöste der Sohn Gottes uns im selben Moment, in dem sich sein Schweiß mit seinem Blut vermischte?

Wir lesen im 1. Buch Mose, dass der Boden im Garten Eden verflucht wurde (siehe 1Mo 3,17). Doch als das erlösende Blut Jesu auf den Boden eines anderen Gartens (Gethsemane) fiel, wurde der Boden für die, die an ihn, den Erlöser, glauben, vom Fluch erlöst. Deshalb ist der Boden, auf dem du gehst, ein erlöster und gesegneter Boden – es ist der Boden der Gnade!

12. Felicia erlitt eine niederschmetternde Fehlgeburt, erlebte aber bald darauf eine gut verlaufende Schwangerschaft und die Geburt eines kleinen Jungen, als sie zum Herrn schaute und auf ihn vertraute. Welche Verletzungen oder Enttäuschungen wir in der Vergangenheit auch erlebt haben mögen, wie können wir verhindern, dass sie uns davon abhalten, dem Herrn unser Vertrauen zu schenken?

13. Womit auch immer du dich vertrauensvoll an Gott gewandt hast oder welchen Traum du auch erfüllt sehen möchtest, was kannst du ab heute tun, um deinen Durchbruch zu erleben?

14.

WERDE EINE PERSON DER RUHE

Wenn du dich selbst bis zum Äußersten angetrieben hast und dir wegen des Riesenbergs Arbeit, den du vor dir siehst, keine Ruhepause gönnst, dann hat der Herr in diesem Kapitel ein Wort für dich. Er liebt dich so sehr. Er möchte nicht, dass du dich völlig verausgabst, weil du denkst, dass der einzige Weg zu deinem Erfolg darin liegt, noch härter zu arbeiten und noch mehr Stunden zu investieren. Er hat einen besseren Weg und er hat den Preis dafür bezahlt, damit du ihn beschreiten kannst.

1. **Welche war die wichtigste Eigenschaft bei Gottes Entscheidung, wer sein Haus bauen sollte?**

2. **Inwiefern gilt dieses Prinzip auch für alles, was wir aufbauen wollen?**

3. **Welche kraftvolle Wahrheit über das Ruhen und Loslassen zeigt uns Gott in Psalm 127,1–2?**

4. **»Jedidjah«, was »Jehovas (Jahwes) Geliebter« bedeutet, war der andere Name Salomos, den Gott dazu auswählte, sein Haus zu bauen. Welche Bedeutung hat es für dich, dass er »seinen Geliebten Schlaf gibt«?**

5. Schreibe den elementarsten Grund auf, weshalb du nicht auch nur eine einzige Nacht lang deinen Schlaf versäumen solltest, indem du dir über deine Probleme, deine Zukunft oder dein Leben Sorgen machst.

6. Wie kann dir das Wissen, dass alles Gute von Gott (nicht von Menschen) kommt, dabei helfen, alles locker in der Hand zu halten? Was ist, wenn etwas nicht so funktioniert, wie du es dir erhofft hast?

7. Unsere Gemeinde erlebte das Wunder einer erfolgreichen Teilnahme an der Ausschreibung und dem Aufbau des *Star Performing Arts Centre*, als wir in Gottes Ruhe blieben und alle Verhandlungen locker in der Hand hielten. Gibt es etwas, was du loslassen musst, indem du das Gleiche tust? Übergib es ihm gleich jetzt.

Als unsere Gemeinde im Begriff stand, den ersten dauerhaften Versammlungsort vertraglich zu sichern, gab mir der Herr diesen wunderbaren Vers, der mir half, alle Kämpfe gegen die Ängste, Sorgen und Befürchtungen, die ich hatte, auszutragen und zu lernen, in ihm zu ruhen: »Bleibe still, meine Tochter, bis du erfährst, wie die Sache ausgeht; denn der Mann wird nicht ruhen, bis er die Sache noch heute zu Ende geführt hat!« (Rut 3,18).

8. **Lies den Hintergrund zu Ruts Geschichte. Warum sagte in dem entscheidenden Moment, als Rut nicht wusste, ob Boaz sie auslösen würde, Noomi zu ihr, sie solle »still bleiben«? Was war das Ergebnis?**

9. **Was bedeutet es, dass Jesus das Lösungsrecht für uns hat? Wie löste er uns aus?**

10. Lies Rut 3,1. Was tut der Herr für uns, wenn wir in seiner Ruhe bleiben?

Hier ist ein Wort an alle, die eine Ortsgemeinde aufbauen oder in einem Dienst mitwirken: Als David dem Propheten Natan von seinem Wunsch erzählte, Gott ein Haus zu bauen, hatte Gott Gefallen an Davids Herz für ihn. Und Gott wies Natan an, David zu sagen: »Du willst mir ein Haus bauen? Ich werde *dir* ein Haus bauen.«

11. Welche Gewissheit gibt dir das, in ihm ruhen zu können, während du ihm deinen Dienst anvertraust oder ihn um Früchte in deinem Leben als Christ bittest?

12. In Kapitel 6 haben wir gesehen, dass unser Herr Jesus deshalb so viel bewirken konnte, weil er in seinem Vater ruhte. Jetzt möchte er, dass du alle deine Sorgen auf ihn wirfst. In welchem Verhältnis steht das Maß, in dem du deine Sorgen auf ihn wirfst, zu dem Umfang, in dem er für dich tätig wird?

Gleich nachdem unser Herr am Kreuz ausrief: »Es ist vollbracht«, »neigte [er] das Haupt und übergab den Geist« (Joh 19,30). Das griechische Wort für »neigen« ist *klino* – dasselbe selten verwendete griechische Wort, das für »hinlegen« benutzt wurde, als er sagte, der Sohn des Menschen habe nichts, wo er sein Haupt »hinlegen« könne (siehe Mt 8,20).

13. Was hat unser Herr Jesus für uns alle am Kreuz zu Ende gebracht, und worin fand er letztendlich seine Ruhe? Wie ermutigt dich diese Wahrheit dazu, die Sorgen, die du heute vielleicht mit dir herumträgst, loszulassen?

14. Als Jesus sagte: »Kommt her zu mir und ich werde euch Ruhe geben« (Mt 11,28 ELB), steht im griechischen Grundtext tatsächlich: »Ich werde euch ausruhen«. Anders gesagt, wenn du zu Jesus kommst, wird er selbst deine *Ruhe* sein. Bist du bereit, dich von ihm so weit führen zu lassen, dass du zu einer Person der Ruhe wirst? Schreibe ein Gebet und gib ihm deine Antwort darin.

15.

HÖRE DICH ZUM SIEG

Hebräer 4,1–3 sagt uns, dass es möglich ist, die gute Nachricht darüber, was unser Herr Jesus für uns am Kreuz getan hat, zu hören und trotzdem nicht davon zu profitieren, nicht positiv davon verändert zu werden und in keiner der Segnungen zu leben, für die er bezahlt hat, damit wir sie genießen können. Diese Bibelstelle bezieht sich auf eine ganze Generation von Israeliten, die die gute Nachricht gehört hatten, dass Gott sie in die erstaunliche Fülle und in all die Güter des verheißenen Landes bringen würde, und dieses Land doch nicht betreten konnten (siehe 4Mo 13,23–26).

1. **Weshalb konnten sie es nicht betreten? Was können wir daraus lernen?**

2. Vielleicht hast du das Gefühl, dein Glaube wäre schwach. Römer 10,17 sagt uns aber, dass Glaube *kommt*. Wie kommt Glaube zu uns?

3. Wer bringt laut Römer 10,14 und 1. Korinther 1,21 das Wort Christi, durch das Glaube kommt, und welches ist das Versorgungssystem, durch das wir Gottes Segnungen empfangen?

4. Wie sieht Gottes Plan für den Empfang seiner Segnungen aus, der auch in Jesu Dienst Ausdruck fand?

5. **Als Salomo Gott um ein »verständiges« Herz bat, worum bat er ihn damit tatsächlich, und was empfing er daraufhin?**

Unser Herr selbst betonte die Wichtigkeit des Hörens. Immer und immer wieder ist in den Evangelien festgehalten, wie unser Herr Jesus sagte: »Wer Ohren hat zu hören, der höre!« (siehe Mt 11,15; 13,9; 13,43; Mk 4,9; Lk 14,35).

6. **Was war »das Eine«, das nötig war und das Maria zu tun beschloss, anstatt um *viele Dinge* besorgt und beunruhigt zu sein, wie es Marta war?**

7. **Der Glaube kommt, indem man beständig hört (Gegenwartsform), und nicht dadurch, gehört zu haben (Vergangenheitsform), wie es uns Hebräer 4,2 von den Kindern Israels erzählt. Was sagt uns das, wenn wir keine Heilung, Segnungen, Wunder und Befreiungen *bekommen* (eine andauernde Handlung in der Gegenwart)?**

8. **Was sagt uns unser Herr Jesus in dem Gleichnis vom Sämann darüber, was *sofort* passiert, wenn wir das Wort Gottes hören? Und warum?**

9. **Wofür kämpfen wir im »guten Kampf des Glaubens« (1Tim 6,12)?**

10. **Wie besiegt der Glaube Angst und Furcht?**

11. **Wenn du angegriffen wirst, schlage zurück mit »dem Schwert des Geistes, welches das Wort Gottes ist« (Eph 6,17). Wie tust du das?**

Wenn dein Denken von Sorgen und Kummer bedrückt ist, kannst du nichts Besseres tun, als dich mit dem Wort Gottes zu sättigen. Höre es wieder und wieder. Dank moderner Technik – Hörbüchern, mobilen Apps und Online-Streaming – kannst du dich überall und zu jeder Tageszeit im Wasserbad des Wortes waschen lassen. Während du dir Predigten über Jesus anhörst, wirst du von Hoffnung und kühnem Glauben erfüllt und außerordentlich gestärkt durch seine Liebe!

12. **Lege in deinem Herzen fest, dass »eine Sache« notwendig ist – deiner Zeit mit ihm den Vorrang zu geben. Welche erstaunliche Zusage gibt uns Jesaja 40,31, wenn wir uns Zeit nehmen, auf ihn zu warten?**

Wenn du die griechischen Zeitformen verstehst, kannst du Galater 3,2.5 so lesen: »Der euch nun den Geist *fortlaufend und andauernd* darreicht und *fortlaufend und andauernd* solche Taten unter euch wirkt, tut er's durch des Gesetzes Werke oder durch die Predigt vom Glauben?« Es mag zu einfach erscheinen, aber Gott wirkt Wunder durch das Hören von Glauben. Gott versorgt uns laufend mit Wundern. Unsere Aufgabe ist es, loszulassen, seinem Wort zuzuhören und seine Versorgung fließen zu lassen.

13. **Die Apostel Paulus und Barnabas predigten das *Evangelium* in Lystra (siehe Apg 14,7), und der gelähmte Mann, der noch**

nie zuvor gelaufen war, *hörte* Paulus reden. Erkläre, was »hörte« an dieser Stelle bedeutet und wozu es führte.

14. Welche Botschaft predigten Paulus und Barnabas?

15. Vielleicht bist du in einer Situation, die ausweglos scheint oder musst dich mit einer entsetzlichen medizinischen Diagnose wie Krebs auseinandersetzen, so wie Leah es in meinem Buch schilderte. Nimm dir einen Moment, um darüber nachzudenken, wie du damit beginnen kannst, dir deinen Weg zum Glauben und zum Sieg zu »erhören«. Bitte den Herrn, dir dabei zu helfen, diese wichtige geistliche Disziplin zu entwickeln.

16.

DIE EINE SACHE, DIE IN JEDEM BEREICH ZUM ERFOLG FÜHRT

Dem Wort zuzuhören ist enorm wichtig – aber lass es nicht dabei bewenden. Erfasse beim Zuhören auch, was dich persönlich anspricht, dann meditiere darüber und mach es dir zu eigen. Halte Ausschau nach Gottes Glaubensbildern in seinem ewigen, bleibenden und unerschütterlichen Wort, die dein Herz aufbauen und ihm den nötigen Halt geben angesichts all der negativen Bilder, die die Welt malt, um dein Herz mit Furcht zu ersticken.

1. **Schreibe oder drucke Psalm 1,1–3 auf ein Stück Papier, das du irgendwo so anbringst, dass du diese Verse jeden Tag siehst. Lerne sie auswendig und sprich sie jeden Morgen laut aus. Was bedeutet es, dass du wie ein Baum bist, der an Wasserbächen *gepflanzt* ist?**

2. Was bedeutet es, »zu deiner Zeit Frucht zu bringen«?

3. Was sagt diese Bibelstelle auch über deinen Erfolg?

Psalm 1,2 erklärt uns, dass der Schlüssel zu einem Leben als gesegneter Mensch der ist, dass er »seine Lust hat am Gesetz des HERRN und über sein Gesetz nachsinnt Tag und Nacht«.

4. Erkläre, was es bedeutet, *Lust* am Wort des Herrn zu haben. Denke darüber nach, wie über Gottes Wort nachzusinnen auch für dich zu etwas Freudigem werden kann.

5. **Welche Botschaft vermittelt uns das hebräische Wort für *nachsinnen*?**

6. **Wozu wird Josua angehalten, um auf seinem Weg zum Ziel zu gelangen und in allem guten Erfolg zu haben? Wie lässt sich das auf dich übertragen, wenn du das Gleiche willst?**

7. **Wahrer Erfolg ist *ganzheitlich* (es geht dabei nicht nur um Geld). Erkläre, was damit gemeint ist. Was bedeutet analog dazu guter Erfolg in jedem Bereich deines Lebens?**

Viele denken Tag und Nacht über ihre Sorgen, Probleme und Herausforderungen nach. Unser himmlischer Vater zeigt uns, wie wir ein Leben des Loslassens führen – indem wir unsere Sorgen loslassen und sie durch sein Wort ersetzen. Wenn wir das tun, werden wir wie der in Psalm 1 beschriebene saftig-grüne Baum sein!

8. **Warum ist biblische Meditation dem Prozess des Wiederkäuens sehr ähnlich?**

9. **Nenne einige Möglichkeiten, wie du beginnen kannst, über Gottes Wort nachzusinnen.**

10. **Studiere sorgfältig den Abschnitt, in dem ich am Beispiel von Römer 8,32 zeige, wie man über einen einzelnen Vers nachsinnt. Nimm ein Stück Papier und halte deine Gedanken über folgenden Vers fest: »Der HERR ist mein Hirte [der mich nährt, führt und beschützt]; mir wird nichts mangeln« (Ps 23,1). Lass dir Zeit. Brich den Vers auf einzelne Wörter und Satzteile herunter und nimm dir Zeit, um über jedes einzelne Fragment nachzusinnen. Wende sie hin und her und lass es zu, dass die darin enthaltenen Wahrheiten zu deinem Herzen sprechen und dir Nahrung geben.**

11. Was sagt 1. Timotheus 4,15–16 über biblische Meditation?

12. Welche kraftvollen Prinzipien spiegeln sich in Paulas Zeugnis wider und helfen dir, dich immer weiter von Gottes Wahrheiten zu ernähren? Welche Ermutigung ziehst du daraus?

Ich ermutige dich dazu, dir Predigten anzuhören und Gottes Wort zu lesen, wann immer du die Gelegenheit dazu hast, und dir jeden Tag etwas Zeit zu nehmen, um über das Gehörte oder Gelesene nachzudenken. Du kannst mit einem einzelnen Vers pro Tag beginnen. Es geht nicht darum, wie viele Kapitel du gelesen hast, sondern in welche Tiefen du eintauchst. Es geht darum, wie intensiv du über die vom Heiligen Geist gewählten Worte nachdenkst – auch darüber, warum er sie gerade so formuliert hat – und dass du sie wirklich in dich aufnimmst. Nimm dir Zeit, um das Wort wie eine Kuh wiederzukäuen, es in deinem Mund immer und immer wieder hin und her zu wenden und es auszukosten – bis der Kern des Verses zu einer solch eindringlichen Wahrheit wird, dass alle Tatsachen, die dir möglicherweise gerade ins Auge starren, von ihr übertönt werden.

13. **Was auch immer dir gerade Sorge bereitet, finde Bibelstellen, die zu dieser Situation etwas aussagen, schreibe sie auf, sinne über sie nach und sprich die Wahrheit Gottes als mächtige Siegeserklärung laut aus.**

Ich wünsche dir, dass du wie der gesegnete Mensch wirst, der an Wasserbächen gepflanzt ist und beständig Frucht zu seiner Zeit hervorbringt. Mögest du in Zeiten der Hitze ruhen und voller Kraft und Leben sein und möge im mächtigen Namen Jesu alles gelingen, was du tust. Amen!

17.

SEGNUNGEN IN DER EHE ERFAHREN

Falls du verheiratet bist, aber du und dein Ehepartner andauernd streiten und ihr euch ständig übereinander aufregt, ist es schwierig, ein Leben des Loslassens zu führen. Deshalb möchte ich in diesem Kapitel betrachten, was Gott sich für deine Ehe wünscht und wie du den Herrn Jesus in deine Ehe einladen kannst, damit du gemeinsam mit deinem Partner das siegreiche Leben des Loslassens führen kannst. Versucht nicht, mit all eurem Stress und euren Ängsten ganz allein fertigzuwerden – lernt stattdessen, das Leben des Loslassens als Ehepaar zu leben.

1. **Nenne ein paar praktische Beispiele, wie du und dein Ehepartner ein Leben des Loslassens führen könnt.**

2. Welche erstaunliche Kraft liegt darin, wenn du und dein Ehepartner im Einklang seid? Wie lässt sich diese Kraft verstärken?

3. Was bedeutet es, auf Gottes Wort »genau zu hören«, und was wird uns versprochen, wenn wir es tun?

Der Schlüssel zu einer Ehe, die voller Liebe und Bestätigung ist, anstatt voller Streit und Auseinandersetzung zu sein, ist, gemeinsam beständig auf sein Wort zu hören!

4. Warum bemüht sich der Feind so sehr darum, Ehen zum Scheitern zu bringen?

Wie der Angriff auf deine Ehe auch aussehen mag, sei dir bewusst, dass Gott dich liebt und er Interesse an deiner Ehe hat. Deine Ehe ist ihm sehr wichtig.

5. **Ungeachtet der Herausforderungen, mit denen du in deiner Ehe konfrontiert bist: Wie fühlst du dich mit dem Wissen, dass Gott dich durch seine Gnade und mithilfe ganz praktischer Versorgung dorthin bringen kann, dass du »Tage des Himmels auf der Erde« erlebst?**

Ehe hatte bei Gott oberste Priorität. Lange bevor Gott die Gemeinde einführte, führte er im Garten die Institution der Ehe ein. Das erste Wunder, das Jesus vollbrachte und das den Beginn seines Dienstes markiert, geschah bei einer Hochzeit. Gottes Herz schlägt für deine Ehe, und sein Wort ist prall gefüllt mit Wahrheiten über seine übernatürliche Versorgung in diesem Bereich. Er wird dich in der Beziehung mit deinem Ehepartner auf eine ganz neue Ebene der Intimität bringen.

6. Jede Ehe erlebt Tiefen. Wie der Wein bei der Hochzeit in Kana kann auch menschliche Liebe versiegen. Wie geschieht das? Inwiefern kannst du dich damit identifizieren?

7. Lies Prediger 4,12. Welche »dritte Partei« braucht jede Ehe, um gut zu gedeihen?

8. Warum wirst du immer enttäuscht werden, wenn du deinem Ehepartner eine Position einräumst, in der deine Zufriedenheit allein von ihm abhängt? Wie kannst du diese Falle vermeiden?

Als Jesus das Wasser in Wein verwandelte, komprimierte er die Zeit, die es normalerweise braucht, um Wein von hoher Qualität zu erzeugen, und stellte im Nu besten Wein her. Er kann in kurzer Zeit tun, wozu menschliche Anstrengung Jahre benötigen würde. Ein Augenblick seiner Gunst kann deine Ehe völlig umkrempeln.

9. **Welche Zusage gibt Joel 2,25 darüber, was Gott in deiner Ehe bewirken kann?**

10. **Die Folgen von Ehebruch sind verheerend und weitreichend. Als König David mit Batseba Ehebruch beging, schickte Gott ihm durch Natan eine Botschaft. Was können wir aus Gottes Botschaft an David lernen, wenn wir mit unseren Ehen nicht zufrieden sind?**

11. **Worum sollten wir den Herrn in unseren Ehen stets bitten?**

12. **Wie kann der Herr auch dann, wenn du versagt hast, deine Ehe trotzdem segnen und sie wiederherstellen?**

13. **Jede Schwierigkeit, auf die du in deiner Ehe treffen kannst, ist von unserem Retter am Kreuz bereits getragen worden. Was ist deine Aufgabe?**

14. Beschreibe, auf welche übernatürlich natürliche Weise der Herr die Ehe eines Paares wiederhergestellt hat, das zu uns in unsere Gemeinde in Singapur kam.

15. Wie auch immer die Probleme in deiner Ehe aussehen, gib dein Bedauern, deine Wut und Ängste an den Herrn ab und wirf deine Sorgen auf ihn. In welchem Zustand deine Ehe auch ist, bitte ihn um mehr von seiner Gnade, die deine Ehe heilt und festigt.

Ich glaube mit dir, dass seine wunderwirkende Kraft zu fließen beginnt, wenn du loslässt und in Jesu vollbrachtem Werk ruhst, und du dann erleben wirst, wie er in deiner Ehe etwas völlig Neues schafft!

18.
STRESSFREIE ELTERNSCHAFT

Der Stress der Elternschaft ist sehr real. Schon wenn es um unser persönliches Leben geht, fällt die Entscheidung schwer, unser Herz nicht besorgt sein zu lassen – aber zu einer echten Mammutaufgabe wird es dann, wenn es um unsere Kinder geht! Gott möchte, dass wir Tage des Himmels über der Erde erleben, womit Segnungen auf unseren Haushalten, unseren Ehen und auch unseren Kindern gemeint sind. Wenn schon du gern sehen möchtest, dass deine Kinder erfolgreich, stressfrei und gesund sind und sich im Haus Gottes gut entwickeln, wie viel mehr wünscht sich das dann unser Vater im Himmel für sie!

1. **Nimm dir einen Moment Zeit, um über die erstaunlichen Verheißungen in 5. Mose 11,18–21 nachzudenken, die besagen, dass Gott uns und unseren Kindern langes Leben schenken möchte und Tage, die »wie die Tage des Himmels über der Erde« sind. Was sollen wir als Eltern gemäß seiner Anweisung zur obersten Priorität machen?**

2. **Wie sollen wir nach dem Willen Gottes zu unseren Kindern über sein Wort sprechen?**

3. **Wie lautet das nicht übersetzte Wort in 5. Mose 11,19, das uns sagt, *worüber* wir mit unseren Kindern sprechen sollen?**

4. **Um dir zu helfen, Jesus zu einem Teil deines Alltagslebens mit deinen Kindern zu machen, habe ich dir einige praktische Möglichkeiten aufgezeigt, wie du dies in euren Tagesablauf integrieren kannst. Fertige deine eigene Liste mit Alternativen an, von denen du denkst, dass sie für dich und deine Kinder funktionieren.**

Jedes Kind ist anders, und der Heilige Geist wird dir zeigen, was für dein Kind am besten geeignet ist.

5. **Was bewirkst du damit, wenn du häufig vom Herrn Jesus sprichst, über deine Kinder betest und vor ihren Augen über das Wort murmelnd nachsinnst? Wenn du ihnen von Durchbrüchen erzählst, die du erlebt hast, und zu Hause im Hintergrund Psalmen, gesalbte Lieder, Lobpreismusik und Predigten laufen lässt? Warum ist das so wichtig?**

6. **Warum solltest du dich nicht entmutigen lassen, auch wenn deine Kinder nicht so wirken, als wären sie an Gottes Wort interessiert?**

7. **Wie durch Joscelins Zeugnis deutlich wird – was ist das Wichtigste, was du für deine Kinder tun kannst, ganz gleich, durch welche Herausforderungen sie auch gerade gehen?**

8. **Jochebed versteckte Mose »im Glauben«. Wie sollen wir mit negativen Beurteilungen umgehen, die »Experten« über unsere Kinder abgeben und die Stress verursachen können?**

9. **Jochebed legte den kleinen Mose in eine »Arche«. Wofür steht das als ein kraftvolles Bild und wie lässt es sich auf uns als Eltern anwenden?**

10. Was kann mit unseren Kindern geschehen, wie Jochebeds Geschichte zeigt, wenn wir sie in die Hände des Herrn legen und ihm vertrauen?

11. Wie lautet die Zusage in Jesaja 54,13, auf die du dich stellen kannst, ganz gleich, was deine Kinder gegenwärtig durchmachen mögen?

12. Unser Kinder können in diesem großen *Schalom* leben, weil Jesaja 54 mit seinen Verheißungen auf Jesaja 53 folgt und Jesaja 53 sich ganz um das Werk unseres Herrn Jesus am Kreuz dreht. Nimm dir etwas Zeit, um über Jesaja 53 nachzusinnen. Dann lege schriftlich dar, was unser Herr Jesus für deine Kinder getan hat, sodass du sie loslassen und seiner Obhut unterstellen kannst.

19.

LASS LOS UND LEBE LANG

In diesem Kapitel geht es ganz darum, dass Gott sich für dich ein langes, gesundes Leben wünscht, ein Leben des Loslassens, das dir die Freiheit gibt, die Segnungen zu genießen, die er für dich vorbereitet hat. Das ewige Wort des lebendigen Gottes verkündet, dass er dich mit *langem Leben* sättigen wird (siehe Ps 91,16). Ich glaube, dass der Herr in seinem Wort Geheimnisse verborgen hat, die deiner Gesundheit dienen und die dich segnen werden, besonders dann, wenn du erkennst, wie alles mit dem verbunden ist, worüber wir im Verlauf dieses Buchs gesprochen haben.

1. **Was sagt dir das hebräische Wort für »gelassen«, mit dem das Herz in Sprüche 14,30 beschrieben wird?**

2. Wenn du den ersten Buchstaben des hebräischen Wortes *marpe* entfernst, um zu dessen Wurzelwort zu gelangen, erhältst du das Wort *rapha*. Was bedeutet *rapha* und in welchem Bezug steht es zum Akt des Entspannens?

3. Was bekommst du zu sehen, wenn du die jeweiligen Bilder oder Begriffe für jeden hebräischen Buchstaben in dem Wort *rapha* zusammenfügst?

4. Schreibe dir Sprüche 4,20–22 heraus. Nimm dir etwas Zeit, um über diese Schriftstelle nachzusinnen, und präge dir diese kraftvollen Bibelverse ein.

5. **Welche Anweisung gibt Gott uns bezüglich seiner Worte und seines Redens? Und was werden seine Worte ausrichten, wenn wir dem Folge leisten?**

6. **Welche Ermutigung gibt uns 2. Korinther 4,18, wenn wir einen negativen ärztlichen Befund erhalten?**

7. **Selbst als die Krankheitssymptome nicht sofort verschwanden, glaubten Dana und ihr Ehemann weiter, meditierten über Gottes Wort und sprachen es aus, und die Heilung kam. Was kannst du aus ihrer Erfahrung lernen?**

8. **Gott möchte dir ein langes, erfülltes und gesundes Leben geben. Weshalb brauchst du beim Älterwerden keinen körperlichen und geistigen Abbau hinzunehmen?**

9. **In welcher Weise demonstrieren Kaleb, Mose und Sara, dass deine Jugend wie die des Adlers erneuert werden kann (siehe Ps 103,5)?**

10. **George Müller starb frei von Krankheit und Schmerzen, nachdem er dem Herrn bis in seine Neunziger heldenhaft gedient hatte. Was benannte er als eines seiner Geheimnisse für langes Leben?**

11. Müller führte ein langes und bedeutsames Leben und wurde von Gott mächtig gebraucht, weil er wahrhaftig das Leben des Loslassens lebte. Inwiefern lebte er in der Realität von Philipper 4,6–7, über die wir in Kapitel 11 des Hauptbuches gesprochen haben?

12. Was nennt uns 5. Mose 30,19–20 als Gottes übernatürliches Rezept für ein langes Leben?

13. In welcher Weise beinhaltet auch Psalm 91,16 – »Ich will ihn sättigen mit langem Leben und ihn schauen lassen mein Heil!« – das Geheimnis eines langen Lebens?

14. Langes Leben ist direkt damit verbunden, Jesus im Wort Gottes zu sehen, denn wenn wir das tun, haben wir Anteil an seinem Auferstehungsleben und seiner göttlichen Gesundheit. Schreibe ein Gebet, in dem du ihn bittest, dir im Wort immer mehr von ihm selbst und von seiner Gnade zu zeigen. Falls du dir von ihm Heilung erwartest, nimm dir auch Zeit, um aufzuschreiben, was er dir über sich selbst als dein Heiler und über die Kraft seines vollbrachten Werkes zeigt.

20.

DU BIST NICHT ALLEIN

Sei nicht zu streng mit dir, wenn du feststellst, dass du in Sorgen versinkst und dein Herz voller Ängste ist, selbst nachdem du jetzt von dem Leben des Loslassens weißt, das sich Gott für dich wünscht. Das Leben des Loslassens ist jeden Tag aufs Neue eine Reise des Glaubens. Tag für Tag tobt eine Schlacht um unser Denken. Neue Probleme können entstehen, und zahlreiche Herausforderungen können von verschiedenen Seiten auf uns zukommen. Du kannst dich dafür entscheiden, deinen Verstand auf Hochtouren laufen zu lassen und dich völlig verrückt zu machen, weil du dir alle möglichen Katastrophenszenarien ausmalst, und deine Sorgen dabei so fest umklammert zu halten, wie du nur kannst. Oder du entschließt dich, in den Fluss des Glaubens zu steigen, und fängst an, das Leben des Loslassens praktisch umzusetzen.

1. **Welche wunderbare Zusage gibt Psalm 61,2–4?**

2. **Wie fühlst du dich, wenn du weißt, dass Gott alle deine Sorgen und deine geheimen Kämpfe und Fragen kennt und er dein starker Turm, dein Schutz und deine Zuflucht sein will?**

Während einer der dunkelsten Zeiten in Israels Geschichte gebrauchte Gott den Propheten Elia in mächtiger Weise, um wiederholt zu demonstrieren, dass er allein Gott ist und dass Baal machtlos war. Lies in Kapitel 20 des Hauptbuchs und in 1. Könige 16–19 die Geschichte von Elias Konfrontation mit den Propheten Baals, mit dem bösen König Ahab und mit der bösartigen Königin Isebel. Wir sehen darin, wie Elia Feuer vom Himmel herabrief, wie die Propheten Baals vernichtet wurden und wie Gott Elia einen durchschlagenden Erfolg gab.

3. **Die Bibel sagt uns auch, dass Elia ein Mensch von gleicher Art wie wir war, mit den gleichen körperlichen, seelischen und geistlichen Begrenzungen und Schwächen. Was also ließ Elia trotz allem, was Gott durch ihn getan hatte, um sein Leben laufen, als er von Isebel bedroht wurde?**

4. **Was vergaß Elia?**

5. **Was empfand Elia schließlich zusätzlich zu seiner Angst?**

Jeder von uns kann in nur einem einzigen Moment die Sicht auf einen guten Gott verlieren. Selbst wenn wir gestern noch im größten Glauben gelebt haben, können wir heute wieder nach dem Sichtbaren gehen. Wie Elia leiden viele Gläubige aus verschiedenen Gründen unter Depressionen und Entmutigung und sind vielleicht von Gott enttäuscht. Ich möchte, dass du siehst, was Gott für Elia getan hat, weil ich glaube, dass es dich aus deiner Dunkelheit, die dich umschlossen hält, herausholen wird.

6. **Wer war »der Engel des Herrn« (1Kö 19,7), der zu Elia kam? Was tat er für Elia und was tut er für uns, wenn wir entmutigt sind?**

7. **Vierzig Tage und vierzig Nächte lange wanderte Elia gestärkt durch die Nahrung, die der Engel des Herrn ihm gegeben hatte. Welche Nahrung gibt er uns heute?**

8. **Beachte, dass Gott Elia auch Schlaf gab. Wie geht es dir dabei, wenn du weißt, dass Gott sich in so persönlicher und praktischer Weise um dich kümmert?**

Als Elia im Glauben stark war, brachten ihm Raben Nahrung und die Witwe ernährte ihn. Als er aber in seine Depression verfiel, dienten ihm Engel, und Gott höchstpersönlich speiste ihn. Welch ein Gott! Seine Barmherzigkeit hört nie auf! Sie ist jeden Morgen neu!

9. **Anstatt uns in unseren Zeiten der Depression zu verlassen, was tut Gott für uns? Wie lautet seine Botschaft an uns?**

10. Elia war entmutigt, weil er dachte, Gott habe ihn in seinen Kämpfen völlig allein gelassen, aber Gott zeigte ihm, dass das nicht stimmte. Wozu ermutigt der Herr dich, wenn du dich alleingelassen fühlst und denkst, Gott kümmere sich nicht?

11. Oftmals halten wir Ausschau nach spektakulären Zeichen, die uns bestätigen sollen, dass Gott mit uns ist. Lies 1. Könige 19,11–12. Elia hatte eine mächtige Begegnung mit dem Herrn, doch wodurch sprach der Herr dann tatsächlich zu Elia? Wie spricht der Herr heute zu dir und gibt dir Sicherheit?

David schrieb in einem wunderschönen Psalm folgende Zeilen: »Mein Herz hat dich sagen hören: ›Komm und sprich mit mir.‹ Und mein Herz antwortet: ›Herr, ich komme‹« (Ps 27,8 NLT). Der Herr ist die sanft flüsternde Stimme, die gerade zu dir spricht und dir sagt: »Komm und sprich mit mir.« »Kommt alle her zu mir, die ihr euch abmüht und unter eurer Last leidet! Ich werde euch Ruhe geben« (Mt 11,28 HFA). Komm zu ihm mit deiner ganzen Bitterkeit und all deinem Schmerz. Er möchte dir seine Ruhe geben. Er möchte dir seinen Frieden geben.

12. **Lies die Worte des wunderschönen Kirchenlieds »Sag es Jesus«. Nimm dir etwas Zeit, um alles aufzuschreiben, was du auf dem Herzen hast, und übergib es in seine liebevolle Obhut, wissend, dass er nicht ruhen wird, bis er deine Sache zu Ende geführt hat (siehe Rut 3,18).**

Während du nun zum Ende dieses Arbeitsbuches kommst, bete ich, dass du Jesus in einer tiefen und innigen Weise begegnet bist. Denk daran: Wenn Sorge und Angst bei dir anklopfen, wenn du mutlos wirst, sag es Jesus. Er ist dein dich liebender Retter und Freund, der fester zu dir hält als ein Bruder. Und er ist mehr als bereit und in der Lage, deine Probleme zu meistern und dich zu retten. Mögest du dein Leben des Loslassens beginnen, indem du lernst, deine Sorgen tagtäglich auf ihn zu werfen. Lass los und lebe – frei von Furcht, Stress und Angst!

SCHLUSSWORT

Es war mir eine Ehre, in diesem Arbeitsbuch alles mit dir teilen zu dürfen, was der Herr mir im Laufe der Jahre über ein Leben frei von lähmenden Sorgen, Ängsten und Stress offenbart hat. Ein solches Leben ist möglich, indem wir uns auf die Liebe und Gnade des Herrn verlassen. Es ist mein Gebet, dass du während dieser wundervollen Reise, die wir gemeinsam unternommen haben, angefangen hast, eine tiefere innere Ruhe und den *Schalom*-Frieden zu erfahren, der sich auf Gottes unerschütterliches Wort gründet.

Wir leben in einer Welt, in der wir rund um die Uhr von Ängsten, Ungewissheiten, Pflichten und Anforderungen umgeben sind. Deshalb ist es so überaus wichtig für uns, fest in dem Wissen gegründet zu sein, dass Gottes Gnade immerzu gibt und versorgt. Wenn du merkst, dass ein leistungsorientiertes Denken dein Herz in den Würgegriff nehmen will, dann erinnere dich an das Bild von den goldenen Röhren, die jedem Bereich, in dem du etwas brauchst, ständig neue Versorgung aus dem Himmel zuführen. Übe dich darin, deine Sorgen loszulassen. Lockere deinen Griff und lass seine Versorgung frei fließen.

Lieber Freund, du bist von immens großem Wert für den Vater, der seinen Sohn, den Liebling des Himmels, für dich aufgab. Damit endet seine Liebe zu dir aber noch nicht, sondern er heilt dich auch, befreit dich und gibt dir auf jede erdenkliche praktische Weise alles, was du von ihm brauchst. Ich bete, dass du, indem du lernst, still zu bleiben und ihn deine Schlachten schlagen zu lassen, anfangen wirst, »Tage des Himmels über der Erde« zu genießen und auf neuen Ebenen des Sieges zu leben!

ANTWORTEN

KAPITEL 1

1. Vor allem müssen wir innehalten und den unvergänglichen Worten des Einen zuhören, der uns liebt. Hier geht es nicht darum, einfach nur ein weiteres Buch zu lesen. Hier geht es ums Erfrischtwerden. Es geht darum, mit unserem Herrn in der Kühle des Abends spazieren zu gehen; darum, zu hören, wie er uns heute zuflüstert: Seid still und erkennt, dass ich Gott *bin* (Psalm 46,10).

2. Der Grundgedanke dieses Buchs ist: Wenn du Ordnung in dein *Inneres* bringen kannst – in dein Herz, deine Seele und deinen Verstand –, wird dafür gesorgt, dass auch das Durcheinander in deinem *äußeren* Lebensbereich ein Ende findet. Der Geist des Herrn wirkt von innen nach außen. Es mag ja sein, dass du vor einem Berg von Aufgaben stehst, die den Mount Everest wie einen Maulwurfshügel aussehen lassen. Aber wenn in deinem Herzen ein Lied klingt, kann jeder Berg bezwungen werden. Kümmere dich um die Knoten im Inneren, und die Knoten im äußeren Lebensbereich werden übernatürlich gelöst werden.

3. Du kannst *alle* deine Sorgen *ein für alle Mal* Gott überlassen, denn er sorgt für dich. Es spielt keine Rolle, was dich ängstigt. Ob du dich davor fürchtest, für den Arbeitsmarkt entbehrlich zu werden, ob du wegen eines bevorstehenden Bewerbungsgesprächs gestresst bist oder ob du dir Sorgen machst, am Ende ungeliebt und ganz allein dazustehen, du kannst diese Sorge nehmen und sie in seine Hände legen. Dein Vater liebt dich mit tiefster Zuneigung und wacht mit größter Achtsamkeit über dich. Er wartet darauf, dass du ihm das Ruder überlässt.

4. Unser Herr sagte uns damit, dass wir *nicht* an unseren Sorgen festhalten sollen, denn unsere Sorgen und Ängste werden an der jeweiligen Situation nichts ändern. So sehr wir uns auch den Kopf zerbrechen, werden wir es nicht schaffen, unser Leben auch nur um eine kurze Spanne zu verlängern. Tatsächlich können Sorge und Stress sogar schädlich sein und unser Leben verkürzen!

5. Gott möchte nicht, dass wir nur tropfenweise Leben haben oder gerade so viel, dass es zum Überleben reicht. Er möchte, dass wir Leben haben, das überfließt! Von Sorgen gebeugt zu sein, gegen chronische Erschöpfung anzukämpfen oder sich mit Stress und Krankheit herumzuschlagen, ist kein im Überfluss gelebtes Leben. Unser Herr Jesus liebt dich über alle Maßen und er möchte, dass du *alle* deine Sorgen ihm überlässt, weil er nicht will, dass du ein sorgenvolles Leben führst, sondern eines, das voller Friede, Gesundheit und Kraft ist!

6. Egal, wie sehr wir uns festklammern, so wird doch alles Festhalten das »Flugzeug« nicht in der Luft halten. Wenn du Jesus einbezogen hast, kannst du loslassen, seiner Navigation vertrauen und die Reise genießen.

7. In meiner Vision diente eine der goldenen Röhren der Gesundheit des Gläubigen, eine andere diente seinen Finanzen und wieder eine andere Röhre diente seinem ehelichen Wohl. Eine weitere Röhre diente mit Charismen, Salbungen und geistlichen Gaben, die vom Himmel flossen, seinem Leben mit Gott. Dann gab es noch eine Röhre, die seinem inneren Frieden diente.

8. Wenn der Gläubige anfing, sich über einen bestimmten Bereich seines Lebens Sorgen zu machen, verengte das die Röhre an seinem Ende. Er muss nichts weiter tun, als sich nicht mehr zu sorgen und seinen Klammergriff zu lösen dann wird auch die Versorgung wieder frei fließen.

9. Als unser Herr Jesus am Kreuz starb, bezahlte er für unsere Heilung. Er bezahlte für unsere Versorgung. Er bezahlte für unseren Frieden. Er bezahlte dafür, dass unsere Ehen gesegnet sind. Er bezahlte für das Wohlergehen unserer Kinder. Er bezahlte dafür, dass aus goldenen Röhren unablässig goldenes Öl herabfließt und konstante Versorgung in unser Leben bringt.

11. Der Herr sagte ihr immer wieder: »Sorge dich nicht um morgen, meine Gnade genügt dir.« Sie beschloss, sich keine Sorgen darüber zu machen, wie sie ihre Familie versorgen sollte und glaubte, dass ihr alle Dinge zum Besten dienen würden. Gott gab ihr »erheblich mehr« als das, worum sie gebeten hatte!

12. Die Wahrheit ist, dass Gott bereits Vorsorge getroffen *hat* und dass er *weiterhin versorgt.* Deine Besorgnis hindert dich daran, seine Versorgung zu empfangen.

13. Inmitten deiner Sorgen, lass los und lass Gott in deinem Leben Gott sein. Lass los und lass zu, dass sein überreicher Zufluss an Gesundheit, Kraft, Sieg, Friede, Versorgung und vieles mehr dein Leben überflutet.

KAPITEL 2

1. »Darum sage ich euch: Sorgt euch nicht um euer Leben, was ihr essen und was ihr trinken sollt, noch um euren Leib, was ihr anziehen sollt! Ist nicht das Leben mehr als die Speise und der Leib mehr als die Kleidung?«

3. Vögel zeigen uns das sorgenfreie Leben, das Gott auch für uns im Sinn hat. Sie säen und ernten nicht, sie sammeln nichts in

Scheunen, und doch ernährt unser himmlischer Vater sie. Sogar für die Vögel sorgt er – wie viel mehr wird er für dich sorgen, du Kind Gottes!

4. Er verspricht, uns aus dem Netz des Vogelfängers zu befreien Unter dem Schutz des Höchsten, so verspricht es dir Gottes Wort, wird Gott selbst dich mit einem sicheren »Ja« (kein »Vielleicht«) aus dem Netz des Vogelfängers retten – aus allem Stress, allen Sorgen und allen Ängsten. Welch ein großartiger Ort, um dort zu wohnen! Wie großartig ist es, auf diese Weise das sorgenfreie Leben des Loslassens zu leben! An diesem Ort kannst du wie ein Vogel leben, der frei in den Himmel aufsteigt, und nicht wie einer, der in der Falle des Vogelfängers festsitzt!

5. Von den Vögeln lernen wir, dass wir all das tun können, jedoch ohne Stress dabei zu haben! Gott will, dass wir berufliche Ziele verfolgen, aber wir sollen nicht von ihnen gestresst werden. Unsere Versorgung kommt nicht allein durch unsere Arbeitsstelle; unser himmlischer Vater, der die Vögel des Himmels ernährt, ist unsere Quelle und unsere Versorgung!

6. Für Juden war die Vorstellung von Gott als ihrem *Vater* (oder wie sie sagen würden: *Abba*) ein äußerst fremdartiges Konzept. Sie kannten Gott als *Elohim* – das allmächtige Wesen – und nicht als einen liebenden, herzlichen und fürsorglichen Vater. Aber Jesus kam, um den Menschen den Namen *Vater* zu offenbaren! Er kam, um uns zu zeigen, dass Gott nicht nur ein mächtiger Gott ist, sondern auch ein *Vater*, der uns innig liebt. Er ist unser Papa, unser Vati, unser Abba (siehe Röm 8,15). Unser Herr enthüllte den Menschen damals und auch uns heute, dass wir einen himmlischen Vater haben, der sich sogar darum kümmert, gewöhnliche Vögel zu füttern.

7. Wie hoch war der Preis, den er bereit war zu zahlen, um damit deine Vergebung und deine Errettung zu erwerben (die deine

Gesundheit, deinen Frieden, deine Wiederherstellung und dein seelisches Wohlbefinden mit einschließt)? Die Bibel sagt, dass Gott seinen eigenen Sohn nicht verschonte. Er gab seinen eigenen Sohn für *dich* auf (siehe Röm 8,32)! Unser Herr Jesus war Gottes einziger Sohn, der Sohn, den er liebte, der Sohn, der Tag für Tag seine Freude war (siehe Spr 8,30). Und doch liebte Gott dich so sehr, dass er seinen Sohn für dich aufgab (siehe Joh 3,16). Gott bezahlte für deine Erlösung mit dem Blut seines Sohnes. So sehr wertschätzt und liebt Gott dich!

8. Gottes Liebe ist nicht unbestimmt. Und er ist auch nicht nur an den »großen Dingen« im Leben beteiligt. Seine Liebe zu dir betrifft auch die feinsten Einzelheiten, und er ist intensiv in jedes Detail deines täglichen Lebens involviert. Er ist an jedem Detail deines Lebens interessiert.

9. Gottes Versorgung begann ungehindert in ihre finanzielle Situation zu fließen, als sie sich für ein Leben des Loslassens entschieden und das, was Casey als »gewaltigen Stress« beschrieb, an Gott abgaben. Je reichlicher Casey und ihr Ehemann sich mit seiner überfließenden Gnade versorgen ließen – mit seiner unverdienten, nicht durch eigene Leistung erarbeiteten oder erworbenen Gunst –, desto weiter schritt ihr Übergang von extremem Stress in seine Ruhe hinein voran. Und in dieser Ruhe floss Gottes Versorgung, ungehindert von Stress und Sorgen.

10. Wenn du weißt, wie sehr Gott dich liebt und schätzt, wirst du nie wieder in der Angst leben, dass nicht für dich gesorgt wird. Du wirst dir nie wieder Sorgen um deine Gesundheit machen oder gestresst sein, wenn es um die Zukunft oder das Wohlergehen deiner Kinder geht. Du kannst dann mit dem Festklammern aufhören und anfangen, das entspannte, sorgenfreie Leben des Loslassens zu führen!

11. Überlasse die Wunden, Verletzungen und die Bitterkeit seinen liebevollen Händen. Dein himmlischer Vater ist nicht der Urheber deines Schmerzes. Er ist der Urheber und Vollender deiner erstaunlichen Zukunft in diesem Leben (siehe Jer 29,11). Er schätzt dich so sehr, dass er seinen eigenen Sohn sandte, damit dieser dich freikauft und errettet.

KAPITEL 3

2. Unser Herr Jesus spricht davon, dass wir ein vollwertiges Leben und vollkommene Gesundheit für unsere Körper erfahren sollen. Er sagt, dass ein gesunder Körper wichtiger ist als die Kleidung, die du trägst, und dass ein vollwertiges Leben wichtiger ist als die Nahrung, die du isst. Denk daran, Jesus kam, um uns Leben zu geben, Leben im Überfluss!

3. Wenn Gott uns ein vollwertiges Leben gibt, dann *wird* auch etwas zu essen da sein! Wir können ein vollwertiges Leben haben, weil wir einen himmlischen Vater haben, der uns wertschätzt und sich um alle unsere praktischen Bedürfnisse kümmert. Wenn du jemanden liebst, wie ein irdischer Vater seine Kinder liebt, willst du denjenigen frei von Sorgen sehen. Stell dir vor, wie viel mehr unser Abba uns vollkommen frei von Sorge sehen will. Unsere Aufgabe dabei ist es, selbst während wir unsere Arbeit und Pflichten bewältigen, frei und unbekümmert zu leben, weil *er* unser Versorger ist!

4. Lilien wachsen nicht deshalb zu kräftigen, gesunden Pflanzen heran, weil sie sich anstrengen oder sich Kleider nähen. *Dein* himmlischer Vater kleidet sie! Mit seinem gewaltigen Vermögen konnte Salomo sich die erlesenste Kleidung kaufen, aber er konnte sich nicht kaufen, was die Lilien hatten – Gesundheit.

Geld kann dir Zugang zu den besten Ärzten und renommiertesten Kliniken verschaffen, aber es kann dir keine Gesundheit kaufen. Göttliche Gesundheit kommt ausschließlich vom Herrn! Er bekleidet dich mit der besten Kleidung, die man nur haben kann – mit göttlicher und übernatürlicher Gesundheit. Und du musst dich dafür weder »abmühen noch spinnen«, weil sie ein *Geschenk* ist, das du dank dem, was Jesus getan hat, einfach empfangen darfst. Halleluja!

Göttliche Gesundheit kommt nicht von stundenlangem Training oder von Diäten. Du kannst auf natürliche Weise fit werden, aber göttliche Gesundheit – die Art von hochwertiger Gesundheit, mit der die Lilien bekleidet sind – kommt vom Herrn. Also geh ruhig ins Fitnessstudio, hebe Gewichte, mach dein Lauftraining, unternimm stramme Spaziergänge und ernähre dich vernünftig – aber tu es, ohne dir wegen deiner Fitness dauernd Stress zu machen. Lass alle Ängste um deinen Körper los, und lass dich vom Herrn sowohl mit seinem überfließenden, vollwertigen Leben als auch mit seiner göttlichen Gesundheit und seiner Auferstehungskraft versorgen.

5. Weil er wusste, dass er sie für uns bezahlen würde. Er wusste, was er am Kreuz für dich und mich durchmachen würde. Er wusste, dass er Gesundheit, Wohlbefinden und Kraft für uns mit seinem eigenen Körper erwerben würde. Heute leben wir auf der anderen Seite des Kreuzes. Er hat den Preis bereits bezahlt, sodass du hier und jetzt erklären kannst, dass du durch seine Wunden *geheilt bist* (siehe Jesaja 53,5 LUT). Du wirst nicht geheilt *werden*; in Christus *bist* du schon geheilt.

6. Unser Herr Jesus ist »hoch über jedes Fürstentum und jede Gewalt, Macht und Herrschaft und jeden Namen, der genannt wird, nicht allein in dieser Weltzeit, sondern auch in der zukünftigen« gesetzt« (Eph 1,21). »Denn bei Gott ist nichts unmöglich« (Lk 1,37). »Ob tausend fallen zu deiner Seite und zehntausend zu deiner Rechten, so wird es doch dich **nicht** treffen« (Ps 91,7).

7. Benson sagte: Ich begann zu glauben, dass Gott diejenigen, die er liebt, segnet und ich fing an, *in dem zu ruhen, was er für mich getan hat*, statt auf das zu vertrauen, was ich für ihn zu tun versuchte … Pastor Prince sprach in einigen Predigten von der Wiederherstellung durch den Herrn, und ich bin wiederhergestellt worden. Dabei ist meine neue Haut die kleinste seiner Segnungen. Gott hat in mir auch seinen vollkommenen Frieden wiederhergestellt. *Ich mache mir keine Sorgen mehr, sondern werfe alle meine Sorgen auf ihn und empfange seine Gunst. Furcht und Bedrückung sind fern von mir.* Danke, Jesus, dass du für mich ans Kreuz gegangen bist.

KAPITEL 4

1. Der Herr sagte: »Gib deine Tochter in meine Hände, und ich werde für sie sorgen. Ich liebe sie mehr, als du es kannst. Die beste Einstellung, die du deiner Tochter gegenüber haben kannst, ist eine der Unbeschwertheit. Mach dir über sie keine Sorgen mehr.«

2. Das englische Wort für Sorge – *worry* – stammt von dem altenglischen Wort *wyrgan* ab, was auch im Deutschen »würgen« bedeutet? Und genau so fühlt es sich manchmal an. Wenn du dir Sorgen machst, fühlt es sich an, als würde man dir die Luft abwürgen, bis alles Leben aus dir weicht.

3. Ich gebe dir zu bedenken, dass du in dem Bereich, der dir Sorgen macht, nicht viel Fortschritt oder Versorgung siehst, gerade weil du dir Sorgen gemacht hast – anstatt das Problem in die Hände des Herrn zu legen und zuzulassen, dass seine Gnade fließt.

4. Gnade fließt für unsere körperliche Gesundheit, für unsere seelische Gesundheit und für eine innige Beziehung mit dem Herrn. Es fließt Gnade für ein heiliges Leben, für die Offenbarung seines Wortes und für Weisheit bei der Kindererziehung. Seine Gnade fließt, und solange du *nicht zulässt, dass dein Herz erschrickt*, fließt dir diese Gnade Gottes in jedem Bereich deines Lebens ungehindert zu.

5. Jesus sagte, dass uns *alles* hinzugefügt werden wird. Nicht nur »gegeben« – man kann auch nur das Nötigste geben –, sondern »hinzugefügt«, was auf ständigen Zuwachs schließen lässt. Mit anderen Worten, *alle* diese Dinge sollen dir in größerer Menge und besserer Qualität hinzugefügt werden (siehe Eph 3,20)! Und er sorgt für dich auch über die grundlegenden Bedürfnisse hinaus. Im vorigen Kapitel haben wir gesehen, dass unser Herr Jesus möchte, dass wir ein vollwertiges Leben genießen und völlig gesunde, starke Körper haben. *Dies alles* wird dir hinzugefügt werden!

6. Wenn du nicht *zuerst* auf der grundlegenden Wahrheit gegründet bist, dass du durch das, was Jesus getan hat, gerecht bist, wirst du nicht in der Lage sein, loszulassen und seine Versorgung in dein Leben fließen zu lassen. Erst das Wissen, dass du in Christus gerecht bist, gibt dir die sichere Zuversicht, deine Sorgen, Befürchtungen und Ängste dem Herrn übergeben zu können. *Seine* Gerechtigkeit zu suchen – nicht deine eigene Gerechtigkeit – muss für dich jeden Tag an erster Stelle stehen. Und wenn du dich auf seine Gerechtigkeit konzentrierst, so lässt es die Bibel uns wissen, wird dir »dies alles« – seien es Nahrung, Kleidung oder andere Lebensbedürfnisse – hinzugefügt werden. Sie werden dir nicht nur gegeben, sondern als dein Erbe in Christus *hinzugefügt*. Du brauchst deinen Glauben nicht für jede einzelne Lebensnotwendigkeit einzusetzen. Du musst deinen Glauben nur für eine einzige Sache gebrauchen – daran zu glauben, dass du als ein Kind Gottes die Gerechtigkeit Gottes in Christus bist (siehe 2Kor 5,21). Dann werden alle Segnungen, die du gern hättest, dir hinterherjagen und dich einholen!

7. Als du Jesus Christus als deinen Herrn und Retter angenommen hast, empfingst du damit auch das Geschenk der Gerechtigkeit. Wir wurden nicht gerecht, indem wir das »Richtige« taten. Gerechtigkeit ist ein *Geschenk*, das wir als Gläubige empfangen haben. Und weil wir das Geschenk der Gerechtigkeit haben, bekommen wir all die guten Dinge, die Jesus verdient (siehe Eph 1,3).

8. Als Gläubige in Christus können wir unsere Gerechtigkeit *selbst dann nicht verlieren, wenn wir versagen.* Tatsächlich ist es seine Gerechtigkeit, die uns wieder aufhilft, wenn wir fallen! Das zu wissen ist äußerst wichtig für dich, denn ob es dir gefällt oder nicht – du *wirst* versagen. Du *wirst* das Ziel verfehlen. Und wenn du nicht fest in deiner Gerechtigkeit in Christus gegründet bist, wird der Teufel dich anklagen und dich denken lassen, dass du es nicht verdienst, geheilt zu werden, dass du kein Recht darauf hast, die göttliche Versorgung zu empfangen und dass du dazu verdammt sein solltest, ein besiegtes Leben voller Stress, Sorgen und Ängste zu führen.

9. Im Leben zu herrschen bedeutet, dass du die Kraft hast, über jede Sünde und jede Sucht die Oberhand zu gewinnen! Im Leben zu herrschen bedeutet, dass du aus der Gefangenschaft des Feindes ausbrechen und ein höheres Maß an Sieg und Heiligkeit erleben kannst. Die gute Nachricht ist, dass du darauf vertrauen kannst, dass Gott dir Heilung schenkt und dich versorgt – nicht deshalb, weil in deinem Leben alles perfekt ist, sondern aufgrund seiner Gerechtigkeit in deinem Leben. Gott setzt sich nicht für dich ein, weil du in jeder Hinsicht makellos bist. Er setzt sich aufgrund dessen, was unser Herr Jesus am Kreuz vollbracht hat, für dich ein. Je besser du seine Gerechtigkeit verstehst, desto weniger wirst du ein Problem damit haben, deine Sorgen ihm zu übergeben.

11. Wenn du auf seine Gerechtigkeit gegründet bist, bist du fern von Stress, weil du dich nicht fürchtest. Wenn du häufig mit Stress und Furcht kämpfst und es noch als große Herausforderung empfindest, deine Sorgen und Ängste dem Herrn zu überlassen, dann bist du möglicherweise noch nicht wirklich auf sein Geschenk der Gerechtigkeit gegründet und verlässt dich immer noch auf deine eigene Gerechtigkeit. Höre weiter das Evangelium der Gnade, bis diese Wahrheit fest in dein Herz zementiert ist und du ohne den Schatten eines Zweifels weißt, dass alle Segnungen des Gerechten auch dir gehören. Ich wünsche dir, dass du zutiefst darin bestärkt wirst, dass deine Gebete viel bewirken, weil du gerecht bist (siehe Jak 5,16), und dass du alle deine Sorgen auf den Herrn werfen kannst!

12. Sie schrieb sie der festen Überzeugung zu, dass sie und ihre Familie durch den Glauben an das vollbrachte Werk Jesu gerecht sind.

13. Als er den Kindern Israels *Manna* gab, tat er dies *täglich* (siehe 2Mo 16,4). Er gibt dir nicht heute das Brot für morgen. Er versorgt dich mit dem, was du *heute* brauchst. Versuche nicht, heute bereits in der nächsten Woche zu leben. Die Versorgung und Gnade für die folgende Woche gibt es nicht schon heute. Heute gibt es nur die Gnade für diesen Tag. Er möchte, dass du dich morgen wieder an ihn wendest und dich von neuem von ihm versorgen lässt. Oder anders ausgedrückt: Der Herr möchte, dass du einen Tag nach dem anderen lebst.

2. Dein Abba will dich in deinem Leben anleiten, weil er *dich* liebt. Er möchte, dass du deine Ehe, dein Familienleben, deine Finanzen, dein soziales Zusammenleben und deine Gesundheit voll ausschöpfen kannst. Er möchte, dass du in jedem Bereich deines Lebens erfolgreich bist, und er will dich auf dem Weg leiten, den du gehen sollst.

3. »Bist du müde? Erschöpft? Von Religion ausgebrannt? Komm zu mir. Geh mit mir gemeinsam fort und du wirst dein Leben zurückgewinnen. Ich zeige dir, wie du dich wirklich ausruhen kannst. Geh mit mir und arbeite mit mir – sieh mir zu, wie ich die Dinge tue. Erlerne den ungezwungenen Rhythmus der Gnade. Ich werde nichts Schweres oder Unpassendes auf dich legen. Bleibe bei mir und du wirst lernen, wie man frei und leicht lebt.«

4. Unser Herr Jesus hat einen Rhythmus. Gnade hat einen Rhythmus. Er ist ungezwungen, sanft, einfach und leicht für die, die mit unserem Herrn Jesus zusammen sind.

5. Das bedeutet, dass du in Christus Ruhe für deinen besorgten *Verstand*, deine aufgewühlten *Emotionen* und für dein unruhiges *Herz* und *Gewissen* findest – eine Ruhe, die bis tief in deinen Geist hineinreicht. Geh mit ihm. Bleibe in seiner Gesellschaft, und er wird dir zeigen, wie du dich *wirklich* ausruhen kannst. Seine Ruhe ist nicht nur ein körperliches Ausruhen, obwohl auch das wichtig ist. Die Ruhe, die er dir gibt, wird dich erfrischen und stärken.

7. Dort heißt es: Durch Umkehr zu Gott und Ruhen in ihm wirst du gerettet. Im Stillesein und im Vertrauen (auf Gott) liegt deine Stärke. Das verwendete hebräische Wort für »Stärke« ist dasselbe wie in Psalm 90,10, wo es um die Kraft für ein langes Leben geht. Es sagt uns, je ruhiger du bist, desto mehr wird das *dein Leben verlängern*!

8. Wer an Gott glaubt, kann immer die Ruhe bewahren, er muss nichts übereilt tun. Ich glaube, der Herr sagt uns: »Macht langsam.« Vielleicht müssen die Menschen der Welt hektisch sein, weil sie auf sich selbst aufpassen und immer mit allem rechnen müssen. Aber du hast einen himmlischen Vater. Hör auf, durch Kämpfen, Hetzen und Drängeln weiterkommen zu wollen. Der Rhythmus der Welt ist schonungslos, aggressiv und gehetzt. Aber wir sind dazu berufen, im ungezwungenen Rhythmus der Gnade zu leben!

9. Jedes Mal, wenn die Bibel etwas zum ersten Mal erwähnt, hat es eine geistliche oder prophetische Bedeutung. In diesem Fall ist es die Aussage: *Ruhe findet Gnade beim Herrn.* Wenn du in der Ruhe bist, wirst du beim Herrn Gnade finden. Gnade bedeutet, dass nicht du arbeitest; Gott arbeitet. Wenn wir in ihm ruhen, stellen wir fest, dass er für uns arbeitet!

10. Weil das zu einer übermäßigen Ausschüttung von Kortisol und anderen Stresshormonen führt. Das setzt uns dem Risiko einer ganzen Reihe von Gesundheitsproblemen aus, einschließlich Angststörungen, Depressionen, Verdauungsproblemen, Kopfschmerzen, Herzerkrankungen, Schlafstörungen, Gewichtszunahme und Beeinträchtigungen der Merkfähigkeit und der Konzentration. Die Stressreaktion unterdrückt außerdem unser Immunsystem, was uns anfälliger für Erkältungen und andere Erkrankungen macht.

11. Tiefes Atmen ist eine von verschiedenen Techniken, um die Stressreaktion unseres Körpers zu zügeln. Der ursprüngliche Gedanke von *nuah* (Ruhe) liegt im Atemholen. Eines der natürlichen Mittel, um zur Ruhe zu kommen, wurde für uns in dem hebräischen Wort für *Ruhe* verborgen! Alles, was Atem hat, lobe den Herrn!

KAPITEL 6

1. Jesus leistete so viel, und doch blieb er immer gelassen und war nie gehetzt. Er wurde von der Menschenmenge, die sich um ihn drängte, nicht aus der Fassung gebracht, und es belastete ihn auch nicht, ständig in Anspruch genommen zu werden. Ob für die einfache Frau, die andere als unrein ansahen, oder für den vornehmen Vorsteher der Synagoge – unser Herr Jesus hatte immer Zeit.

3. Unsere Aufgabe ist es, in Christus zu bleiben. Wir tragen nichts weiter bei, als zu ruhen! Und wenn wir in ihm bleiben und auf ihn vertrauen, dann werden wir Frucht tragen, denn die Versorgung mit Saft, Leben und Fruchtbarkeit fließt uns vom Weinstock zu. Tatsächlich ist dieser Zufluss ein ständiger Strom (erinnerst du dich an meine Vision vom goldenen Öl, das durch goldene Röhren fließt?). Und die Reben müssen nichts weiter tun, als Reben zu bleiben und den Fluss nicht einzuschränken.

4. Wenn du mit einer Stresssituation konfrontiert bist, versorgt dich dein Weinstock – unser Herr Jesus – mit seinem Frieden. Wenn du eine wichtige Entscheidung zu treffen hast und nicht weißt, was du tun sollst, versorgt dein Weinstock dich mit Weisheit. Wenn du einen Berg von Aufgaben bewältigen musst, dich aber furchtbar müde fühlst, durchfließt dich seine Kraft. Was für ein entspanntes Leben das doch ist!

5. Zu ruhen fällt uns deshalb so schwer, weil wir unbedingt mitwirken wollen. Wir wollen etwas tun. Wir möchten, dass auch für uns ein wenig Ruhm abfällt. Manchmal ist aber auch Unglaube der Grund – wir tun uns schwer damit zu glauben, dass Gott bereits alles erledigt hat. Deshalb ist die einzige Mühe, zu der Gott uns aufruft, die Bemühung darum, in seine Ruhe einzutreten.

6. In ihm zu bleiben und ein ruhevolles Leben zu führen ist nicht gleichbedeutend mit einem passiven, faulen Leben. Ich rede nicht davon, dass du die Hände in den Schoß legen und völlig tatenlos dasitzen sollst. Wenn du mit ihm verbunden bist, wirst du übernatürlich mit Leben und mit einem Rhythmus versorgt, der nicht hektisch ist. Du wirst die Dinge unter der Leitung des Heiligen Geistes tun, aber ohne Erschöpfung, denn du verlässt dich nicht auf deine eigenen Anstrengungen und bist nicht von Furcht getrieben. Du wirst wie der brennende Busch sein – lodernd brennen, aber nicht ausbrennen. Es wird Frucht da sein und zu göttlichen Resultaten führen, wenn du Gott vertraust und dich auf seine Leitung und Versorgung verlässt. Das unterscheidet sich deutlich vom Nichtstun aufgrund von Faulheit oder Passivität. Sieh dir doch unseren Herrn Jesus Christus an. Niemand war aktiver als er und dabei so gelassen.

7. Als Gläubige des neuen Bundes leben wir aus der Gnade, bei der es darum geht, in der Kraft des Heiligen Geistes zu *ruhen*, der in uns sowohl den Willen als auch die Fähigkeit bewirkt, das zu tun, was Gott gefällt (siehe Phil 2,13). Gott gibt uns den Wunsch zu tun, was ihm gefällt, und dann verleiht er uns auch noch die Kraft, um seinen Willen erfolgreich auszuführen.

9. Wenn die Weinranke auf dem Boden im Staub liegt, anstatt hochgehoben und auf ein Rankgerüst gezogen zu werden, kann sie keine Frucht tragen. Vergleichbar damit können viele Gläubige deshalb keine Frucht bringen, weil der Teufel sie zu Boden geworfen hat und sie dadurch mutlos geworden sind – sie wälzen sich im Staub.

10. Das griechische Wort an dieser Stelle lautet *kathairo*, was wortwörtlich »reinigen« bedeutet. Die Weingärtner zu Jesu Zeiten gossen Wasser über die Weinranken, um sie von Rückständen zu reinigen, die durch Pflanzenschädlinge entstehen, sodass keine Ablagerungen die Weinranken daran hindern würden, Frucht auszubilden. Im nächsten Vers – Johannes 15,3 – fährt Jesus fort, und dort wird das Wurzelwort *katharos* verwendet, als er sagt: »Ihr seid schon rein [*katharos*] um des Wortes willen, das ich zu euch geredet habe.«

11. Gehe täglich ins Wort und lass dich darin waschen (siehe Eph 5,26). Dazu kannst du die Bibel lesen, eine auf Jesus ausgerichtete Andacht benutzen oder entsprechende Predigten hören. Stelle nur sicher, dass du dich vom Wort *waschen* lässt! Jesus reinigt uns von Dingen wie Depression, Bitterkeit oder lügenden Symptomen immer durch ein Wasserbad in seinem Wort. Wir werden durch das Wort gereinigt, das er zu uns spricht. Je öfter du unter gesalbter Lehre sitzt, die dich aufrichtet und dich wäscht, desto mehr Frucht wirst du tragen!

12. Das Eine, das nötig ist, ist zu Jesu Füßen zu sitzen und seinem Wort zu lauschen, anstatt »sehr beschäftigt mit vielem Dienen« zu sein. Menschen, die ständig wegen vieler Dinge besorgt sind, tun nicht *das Eine*. Öffne deine Bibel und sage: »Herr, sprich zu mir.« Tu dieses Eine und Gott wird sich um die ganzen Brandherde kümmern, und die vielen Dinge, die dich beunruhigen und dir Sorgen machen, werden nicht mehr da sein!

KAPITEL 7

2. Während Israel in der Ruhe der Schöpfung ruht, ruhen wir in der Ruhe der Erlösung. Unser Herr Jesus stand an einem Sonntag wieder auf und bewirkte damit eine neue Ordnung. Deshalb versammelte sich die Urgemeinde sonntags zur Anbetung – am ersten Tag der Woche (siehe Apg 20,7).

3. Es zeigt uns, dass Gott möchte, dass unser Tag mit Ruhe beginnt. Den Tag am Abend zu beginnen bedeutet auch, dass der Tag mit Schlaf beginnt. Wenn die Juden also am Morgen aufwachen, beginnt für sie nicht der Tag – vielmehr ist der Tag bereits zur Hälfte um und sie starten ausgeruht und gekräftigt in die zweite Hälfte, nachdem sie Zeit mit Gott, ihrer Familie und allen, die ihnen wichtig sind, verbracht haben.

4. Der Sabbat ist ein Tag, an dem wir Zeit mit unserem Retter verbringen, uns als Gemeinde versammeln, um ihn anzubeten und sein Wort zu hören, und um die innige Vertrautheit mit Gott zu feiern, die wir haben, weil alle unsere Sünden von Jesus am Kreuz weggenommen wurden. Es ist ein Tag der Ruhe, wobei es bei dieser Ruhe nicht darum geht, gar nichts zu tun – es geht darum, ihn unser Ein und Alles sein zu lassen, ihn zu feiern, anzubeten und ihn mit unseren Zehnten und Opfern zu ehren.

5. Der zweite Schwerpunkt während des Sabbats sind die Beziehungen zu Familie, Nahestehenden und Freunden. Zu Beginn des Sabbats nehmen viele Juden ein gemeinsames Abendessen mit der Familie und Nahestehenden ein. Ich liebe es, wie sie ganz bewusst jede Woche eine bestimmte Zeit reservieren, um sich als Familie zu versammeln. Ich selbst empfinde die Zeit, die ich mit meiner Familie verbringe, als sehr wohltuend. Der Sabbat ist auch eine Zeit für Eltern (in der Regel für die Väter), um über ihre Kinder einen Segen zu sprechen.

6. Gott hat den Menschen nicht dazu geschaffen, seinen Weg im Leben allein zu gehen. So, wie Menschen jüdischer Herkunft ihrer Familie und Gemeinschaft höchste Priorität geben, ist es auch für dich wichtig, tiefe Freundschaften zu bilden, damit du bei Schwierigkeiten in deinem Leben Freunde hast, die für dich da sein und mit dir und für dich beten können. Außerdem ist es gut für dich, wenn du Teil einer Gemeinschaft bist, in der du gemeinsam mit deinen Freunden glaubst und mit ihnen darauf vertraust, dass sie einen Durchbruch erleben, wenn *sie* durch Schwierigkeiten gehen.

7. Psalm 92,14 sagt uns: »Die gepflanzt sind im Haus des HERRN, sie werden gedeihen in den Vorhöfen unsres Gottes.« Suche dir eine Ortsgemeinde und finde Möglichkeiten, dich einzubringen. Komm nicht einfach nur sonntags in den Gottesdienst und gehe dann wieder davon, ohne den Kontakt zu anderen zu suchen. Fang stattdessen an, in irgendeinem Bereich zu dienen und Wurzeln zu schlagen.

8. Es sind gute menschliche Beziehungen, nicht die Höhe des Einkommens oder die angesammelten Auszeichnungen. Unterm Strich bringen dir deine Familie, die Menschen, die dir nahestehen, und deine engen Freunde die meiste Freude und Erfüllung.

9. Es ist die Wichtigkeit körperlicher Erholung. Wie wir in 2. Mose 20,8–11 gesehen haben, soll am Sabbat nicht gearbeitet werden. Gott schuf den Menschen als Letztes, damit der Mensch alles genießen konnte, was Gott geschaffen hatte. Der Mensch wurde am sechsten Tag erschaffen und am siebten ruhte Gott. Erkennst du es? Der erste volle Tag, den der Mensch erlebte, war Gottes Tag der Ruhe. Gott wollte, dass der Mensch ein Leben der Ruhe führt. Ich möchte dich ausdrücklich dazu anregen, einen Tag pro Woche als Ruhetag einzuhalten, denn dein Körper braucht ausreichend Erholung.

10. Der Sabbat wurde eingerichtet, um die Menschen auf Jesus hinzuweisen. Kolosser 2,17 sagt: Es »sind nur Schattendinge von dem, was in Christus leibhaftige Wirklichkeit geworden ist.« Der wahre Sabbat ist kein Tag; er ist die herrliche Person unseres Herrn Jesus. Er ist die leibhaftige Wirklichkeit des Sabbats!

11. Das wahre Wesen der Sabbatruhe besteht nicht darin, nichts zu tun. Es geht nicht um Inaktivität; es geht um *Aktivität, die vom Geist Gottes geführt ist*, so wie unser Herr Jesus geführt wurde, Menschen zu heilen und wiederherzustellen. Er kam, um uns echte Erholung zu schenken – Erholung von unseren Gebrechen,

Erholung von unseren Sorgen, die uns niederdrücken, Erholung von den Fesseln der Sünde!

13. Wenn Gott uns Ruhe verordnet, ist das zu unserem Wohl. Unsere physischen Körper sind aus dem Staub des Bodens gemacht. Wir müssen unseren Körpern gestatten, sich auszuruhen. Sonst werden unsere Körper auf die eine oder andere Weise einen Weg finden, um sich auszuruhen. Wir könnten an einem Ort enden, an dem es viele Betten gibt, in denen man sich ausruhen kann, und wohin Leute kommen, um uns zu besuchen!

14. Es bedeutet, dass Ruhe die von Gott befohlenen Segnungen bringt! Wenn du dich entschließt, ihm zu gehorchen und zu ruhen, wird er seine Segnungen auf dich und deine Karriere befehlen. Er wird seinen Segen auf dein Bankkonto befehlen, auf deinen Dienst, deine Familie, dein Unternehmen – auf alles, was du berührst! Wenn du ruhst und unter den von Gott angeordneten Segnungen lebst, wirst du wie die Kinder Israels immer mehr als genug haben.

KAPITEL 8

2. In biblischen Zeiten wurden die besiegten Feinde, in Ketten gelegt, mit zurück ins eigene Land gebracht. Der siegreiche König setzte sich dann auf seinen Thron und legte als Zeichen des Sieges seine Füße auf ihre Rücken. Als unser Herr Jesus von den Toten auferstand und zum Vater zurückkehrte, sagte dieser: »Setz dich zu meiner Rechten, bis ich deine Feinde zu deinem Fußschemel mache.« Jesu Haltung ist eine, bei der er auf dem Thron sitzt, während sein Vater seine besiegten Feinde allesamt unter seine Füße bringt. Wir, als Gemeinde, sind der Leib Christi, was heißt, dass Gott höchstpersönlich unsere Feinde zu unserem Fußschemel macht. Wir können in Christus ruhen, weil mit jedem Tag, der vergeht, die besiegten Feinde wie Krankheit, Armut, Depression und alle möglichen Flüche unter unsere Füße gebracht werden!

3. Weil sein Werk durch sein eines Opfer am Kreuz vollendet war. Am Kreuz besiegte Jesus Christus alle Feinde wie Sünde, Depression, Armut und frühzeitiger Tod. Der Hebräerbrief sagt uns, nachdem er sich gesetzt hat, wartet er nun, »bis seine Feinde als Schemel für seine Füße hingelegt werden«. Die Feinde *sind bereits* am Kreuz besiegt worden, und seitdem ist Gott dabei, diese Feinde unter Jesu Füße zu legen.

5. Josua und Kaleb hatten einen Geist der Ruhe, und sie ruhten in Gottes Zusage, mit der er ihnen das Land gegeben hatte. Selbst in der Gegenwart ihrer Feinde und von Widrigkeiten konnten sie ruhig bleiben, weil sich ihr Glaube nicht auf die Riesen gründete, die sie sahen, sondern auf Gottes Verheißungen!

6. Die Israeliten entschieden sich dafür, dem Bericht der zehn Kundschafter zu glauben, die sagten, dass sie das Land nicht würden einnehmen können, weil es von Riesen aus dem Stamm Anak bewohnt war. Im Hebräischen bedeutet das Wort *Anak* »Halskragen« oder »Halskette«. Eine um den Hals gelegte Eisenkette ist wie ein Joch, das dich niederdrückt. Obwohl sie nicht länger Sklaven waren, hatten sie immer noch eine Sklavenmentalität. Statt sich auf Gottes Güte und Verheißung zu konzentrieren, richteten sie ihre ganze Aufmerksamkeit auf ihr riesiges Problem – die Anakiter – und wurden von Angst und Furcht niedergedrückt. Als Ergebnis davon konnte, abgesehen von Josua und Kaleb, eine ganze Generation das Land nicht betreten (siehe 4Mo 14,29–31) und musste stattdessen vierzig Jahre lang in der Wüste umherwandern.

7. Was für die Kinder Israels im Alten Testament das physische Land war, ist für den Gläubigen des neuen Bundes Gottes Gnade und Ruhe. Unser heutiges verheißenes Land ist Gottes Ruhe! Gott hatte die Kinder Israels nicht aus Ägypten befreit, um sie in der Wüste umherwandern zu lassen. Er brachte sie von dort heraus, um sie woanders hineinzubringen! Genauso will Gott dich aus dem Mangel heraus und hinein in das Land der Verheißung und der Fülle bringen. Er möchte dich von der Krankheit hin zu beständiger Gesundheit bringen. Das verheißene Land, in das er dich bringen möchte, ist der Ort seiner Ruhe.

8. Gott sagt uns, dass wir mit Furcht darauf achten sollen, dass wir nicht versäumen, in seine Ruhe einzutreten (siehe Hebr 4,1). Konzentriere dich also nicht auf deine Riesen, was dich völlig gestresst sein lässt. Setze dein Vertrauen nicht auf das, was du siehst, sondern darauf, was Gott dir in seinem Wort versprochen hat. Ruhe in der Gewissheit seines Wortes, und er wird sich um deine Riesen kümmern.

9. Gott möchte, dass du die Offenbarung hast, dass alles, was du an Hilfe von ihm brauchst, bereits erledigt ist, weil Jesus am Kreuz alles für dich vollbracht hat. Trotz der Riesen, die du siehst, kannst du entschlossen losziehen und in das verheißene Land der Ruhe eintreten. Wenn du dein Vertrauen in Christus und sein vollbrachtes Werk setzt, wirst du ruhebewusst sein, anstatt dir der Riesen bewusst zu sein!

10. »Juble, du Unfruchtbare, die nicht geboren, brich in Jubel aus und jauchze, die keine Wehen gehabt hat! Denn die Söhne der Einsamen sind zahlreicher als die Söhne der Verheirateten, spricht der HERR. Mache weit den Raum deines Zeltes, und deine Zeltdecken spanne aus! Spare nicht! Mache deine Seile lang, und deine Pflöcke stecke fest! Denn du wirst dich nach rechts und links ausbreiten, und deine Nachkommen werden Nationen beerben und verödete Städte besiedeln.«

KAPITEL 9

1. Wenn du dich im Glauben nach dem Herrn ausstreckst und ihm erlaubst, ein Wunder in deiner Situation zu bewirken, lädt er dich dazu ein, deinen Ort der Furcht, Sorge und Angst zu verlassen und in sein Reich des Friedens einzutreten. Er bittet dich, *in* den Frieden *hinein*zutreten.

2. »Frieden hinterlasse ich euch; meinen Frieden gebe ich euch. Nicht wie die Welt gibt, gebe ich euch«. Das Erbe, das Jesus uns zu hinterlassen beschloss – das kostbare Geschenk, das er uns vermachte – war nicht irgendein Friede, sondern *sein* Friede. Ein Erbe wird erst dann rechtskräftig, wenn es einen Tod gegeben hat, und deshalb legte unser Herr Jesus am Kreuz sein Leben nieder – damit wir heute seinen Frieden als unser Erbe empfangen können.

3. Die Welt versucht, ihre eigene Version von »Frieden« durch Mittel wie Meditation, Wellness, Aromatherapie, Yoga und sanfte Musik zu erreichen. Aber diese Art von Frieden kann durch äußere Einflüsse gestört werden. Der Friede, den Jesus uns gegeben hat, wird jedoch nicht von äußeren Faktoren beeinflusst. Sein Friede ist ein Friede, der dauerhaft und gleichbleibend ist, ein Friede, der menschliches Verstehen übersteigt, ein Friede, der unsere Herzen und Gedanken bewahrt (siehe Phil 4,7).

4. Er versprach, uns einen »Beistand« zu geben – den Heiligen Geist. Das griechische Wort für »Beistand« an dieser Stelle ist *parakletos*, was jemanden beschreibt, der »einem zur Seite gerufen wird«, um zu helfen. Du hast einen Beistand, der dich alles lehren wird. Anstatt also gestresst oder besorgt zu sein, kannst du den Heiligen Geist bitten, dich zu lehren, wie du mit der Situation umgehen sollst.

5. Du kannst ihn bitten, dir zu zeigen, wie du mit der Situation in deiner Ehe umgehen sollst. Er kann dich lehren, mit deinen

Finanzen richtig umzugehen, oder dir zeigen, wie du die vorgegebenen Vertriebsziele erreichst. Du kannst ihn auch bitten, dir beizubringen, wie du deinen rebellischen Teenager richtig behandelst. Er wird dich *alle* Dinge lehren. Solange du Jesus als deinen Herrn und Retter angenommen hast, hast du auch den Heiligen Geist, und der wird dich *alle* Dinge lehren.

6. Wir werden ermahnt, »genau zuzuhören« und »unser Ohr zu neigen« und zu »hören« (siehe Jes 55,2–3). Und wenn wir unserem Herrn durch Lesen des Wortes, durch Beten und durch Predigten über sein vollbrachtes Werk zuhören, werden wir, so sagt es uns die Bibel, »mit Freuden ausziehen und in Frieden geleitet werden« (Jes 55,12). Wenn wir seinem Wort zuhören, sei es auf dem Weg zur Arbeit oder während der Hausarbeit oder beim Spaziergang im Park, werden Freude und Friede uns leiten. Wir werden aus Schwierigkeiten und Sorgen hinausgeführt werden. Wir werden mit Freuden losziehen und in jedem Bereich unseres Lebens durch seinen Frieden geleitet werden.

8. Der Heilige Geist lehrt uns auf der Wellenlänge des Friedens. Genauso wenig wie du einen bestimmten Radiosender hören kannst, wenn du nicht die richtige Frequenz einstellst, kann auch der Heilige Geist dir nichts beibringen, wenn du nicht auf der Wellenlänge seines Friedens bist. Er lehrt dich alle Dinge, wenn du in diesen Frieden eintrittst, den der Friedefürst dir hinterlassen hat. Das gelingt dir, indem du dein Herz davor schützt, besorgt und verängstigt zu sein.

9. Das griechische Wort für »regieren« an dieser Stelle ist *brabeuo*, und es bedeutet »bestimmen, entscheiden« oder »Schiedsrichter sein«. Wir sollen unsere Herzen von dem Frieden Gottes regieren lassen. Wir sollen den Frieden Christi als Schiedsrichter entscheiden oder bestimmen lassen. In einem Tennismatch entscheidet der Schiedsrichter, ob der Ball »gut« oder »aus« ist. Wenn der Schiedsrichter entscheidet, dass der Ball »aus« ist, dann sind Diskussionen zwecklos. Genauso sollte der Frieden Christi in unseren Herzen und in allen unseren Entscheidungen bestimmen und das letzte Wort haben.

11. Die Satzteile »geh hin in Frieden« und »sei gesund« stehen beide in der griechischen Gegenwartsform – eine fortlaufende Handlung. Tatsächlich sagte Jesus also: »Du bist bereits geheilt. Geh in den Frieden hinein und bleibe im Frieden, dann wird deine Heilung dauerhaft sein.«

12. Du kannst auf den Herrn immer vertrauen, wenn es im Krankheitsfall um göttliche Heilung für dich oder deine Familie geht, aber noch besser ist es, in göttlicher Gesundheit zu leben! Falls die Erkrankung der Frau von einem Mangel an Frieden verursacht worden war, würde diese Erkrankung zurückkehren. Das Beste, was Gott für uns hat, ist in seiner göttlichen Gesundheit zu leben, und er zeigte uns auch, wie wir das tun können – indem wir in seinen Frieden hineingehen und dort bleiben.

KAPITEL 10

1. *Schalom* bedeutet »Wohlergehen«, »Gesundheit, Wohlstand, Friede«. Es beschreibt auch einen »Zustand von unbesorgtem, ungestörtem Wohlbefinden«. Das bedeutet, dass der Herr uns als Erbe seine ganz persönliche Gesundheit, seine eigene Versorgung und seinen eigenen Frieden vermacht hat.

2. Nein, er wird in unserem Leben durch die *Erkenntnis* Gottes und unseres Herrn Jesu vermehrt, »durch die volle Erkenntnis unseres Gottes und auch Jesus, des Herrn«. Je besser wir Jesus kennen, desto mehr werden wir erleben, wie sich sein *Schalom* für uns vermehrt. Das Wort Gottes sagt uns, dass unser Herr Jesus der Friedefürst ist (siehe Jes 9,5). Wenn du die wunderbare Person Jesu in dich aufnimmst, indem du Zeit in seiner Gegenwart und in seinem Wort verbringst, wird jede Faser deines Seins mit seinem Frieden durchtränkt. Auch wenn du mit einer Krise konfrontiert bist, wird sein Friede dein Herz schützen und bestärken.

3. Unsere Aufgabe ist es, zu vertrauen und im Glauben zu leben und dabei nicht zuzulassen, dass unser Herz erschreckt oder geängstigt wird. Dann wird der Friede, der in unserem Geist vorhanden ist, von unserem Herzen zu unserer Seele und in unseren Körper fließen. Und dann werden wir die Fülle der Gesundheit, Versorgung und des Friedens erfahren, für die Jesus bezahlt hat, damit wir sie genießen können!

4. Unser Herz ist die Pforte zu unserem Geist. Aller Schalom in unserem Geist wird uns nichts nützen, wenn unser Herz mit Befürchtungen, Sorgen und Ängsten verstopft ist. Wir müssen diese Sorgen entfernen. In dem Gleichnis vom Sämann sprach unser Herr Jesus darüber, dass die »Sorge dieses Zeitalters« und der »Betrug des Reichtums« Dornen sind, die das Wort ersticken und den Hörer keine Frucht bringen lassen (siehe Mt 13,22 ELB). Samen können nicht keimen und Frucht hervorbringen, wenn sie von Dornen eingeengt und erstickt werden. Genauso wenig können wir Frucht bringen, wenn unser Herz voller Sorgen ist. Unser Herz ist das Ventil, durch das Gottes Friede fließt –wenn unser Herz voller Sorge ist, kann sein Friede nicht herausfließen.

5. Glaube im Vertrauen auf sein Wort, dass er ihn dir bereits gegeben hat. Da unser Herr Jesus den Preis bezahlt hat, um dir seinen *Schalom* vermachen zu können, triff die Entscheidung, ihn *im Glauben* in Besitz zu nehmen und nicht danach zu gehen, was du fühlst.

6. Gottes Gnade schenkt dir alle Dinge, weil das Blut Jesu bereits dafür bezahlt hat. Und sein Friede wird alles bewahren und erhalten, was Gnade gegeben hat.

7. In 1. Petrus 5,7 wirst du aufgefordert, alle deine Sorgen auf den Herrn zu werfen, bevor Vers 8 dir sagt, dass der Feind umhergeht wie ein brüllender Löwe und sucht, wen er verschlingen kann. Das lässt dich wissen, dass der Feind dich verschlingen kann, wenn du voll mit Sorgen und Befürchtungen bist und dein Inneres ständig aufgewühlt ist. Doch wenn du alle deine Sorgen auf den Herrn wirfst und dadurch nicht zulässt, dass dein Herz in Angst versetzt wird, kann der Feind dir nichts anhaben.

8. Römer 16,20 sagt dir, »dass der Gott des Friedens Satan unter deinen Füßen zermalmen wird«. Wenn du im Frieden und in der Kraft von *Jahwe-Schalom* lebst, kannst du auf dem Feind herumtrampeln und furchtlos sein!

9. Erstens, wirf sie sofort dem Einen zu, der sich mit tiefster Zuneigung um dich kümmert, dem Einen, der sein Leben am Kreuz für dich niedergelegt hat, und dann lass diese Sorgen und Probleme in seinen Händen! Zweitens, zitiere diesen Teil von Johannes 14,27: »Euer Herz erschrecke nicht «. Dein Herz wird der Stimme unseres Herrn Jesus gehorchen, wenn du seine Worte aussprichst.

11. Jesaja 53,5 gibt uns die Antwort: »Doch er wurde um unserer Übertretungen willen durchbohrt, wegen unserer Missetaten zerschlagen; die Strafe lag auf ihm, damit wir Frieden hätten, und durch seine Wunden sind wir geheilt worden«. Die Strafe, die unseren *Schalom*-Frieden herbeiführte, fiel auf ihn. Im Hebräischen heißt es, dass die Ansprüche und Erfordernisse zur Bezahlung unserer Sünden Jesus *abverlangt* wurden, damit der Friede auf uns kommen könnte (siehe Jes 53,7 YLT). Er ertrug alles, weil er sagte: »Ich bezahle den Preis für deinen *Schalom*. Ich bezahle den Preis für dein Wohlbefinden, deine Unversehrtheit, deine Vollständigkeit und deine Gesundheit.«

12. Wir haben uns den *Schalom* nicht verdient, den Jesus uns vermacht hat. Er bezahlte dafür. Nachdem er von den Toten auferstanden war, lauteten seine ersten an die Jünger gerichteten Worte: »Friede sei mit euch«, und dann zeigte er ihnen seine nageldurchbohrten Hände – die Quittung für die Zahlung, die er geleistet hatte (siehe Joh 20,19–20). Weil der Preis bezahlt worden ist, haben wir umfassenden Anspruch auf den Frieden, die Vollkommenheit, das Wohlbefinden, die Versorgung und die Gesundheit, die er uns vermacht hat!

KAPITEL 11

1. »Seid um nichts besorgt, sondern in allem sollen durch Gebet und Flehen mit Danksagung eure Anliegen vor Gott kundwerden; und der Friede Gottes, der allen Verstand übersteigt, wird eure Herzen und eure Gedanken bewahren in Christus Jesus«. Wenn du Gott deine Anliegen bringst und ihm im Glauben für die Antwort dankst, wird der *Friede Gottes* dein Herz und deine Gedanken in Christus Jesus bewahren. Du magst nicht verstehen, wie Gottes Friede funktioniert – wie er deine Gefühle und Gedanken trotz der negativen Umstände bewahren kann –, aber deshalb ist es auch ein echter Friede, wie die Welt ihn nicht geben kann!

2. Petrus war so voller Frieden, dass er trotz allem, was mit ihm und um ihn herum geschah, einschlafen konnte. Petrus schlief so tief und fest, dass er sich noch nicht einmal rührte, als ein Engel mit einem hellen Lichtblitz in seiner Zelle erschien. Tatsächlich musste der Engel ihn in die Seite stoßen, um ihn aufzuwecken.

3. Lange bevor sich unsere äußeren Umstände verändern können, müssen wir unsere Herzen und Gedanken von seinem Frieden bewahren lassen, der über alles menschliche Denken hinausgeht. Er hat uns diesen Frieden vermacht – einen Frieden, der nicht so ist wie das, was die Welt gibt, sondern der unsere Herzen davor bewahren kann, voll von Sorge oder Angst zu sein. Während wir mit seinem Frieden erfüllt werden, wird das, was im Inneren anfängt, auch unsere äußeren Umstände allmählich beeinflussen!

4. Gott sagte mir, dass meine Aufgabe darin bestand, über mein eigenes Herz zu wachen, und nicht über die gesamte Situation um mich herum. Und während ich auf mein eigenes Herz aufpasste und es nicht in Angst versetzen ließ, würde er sich um die Situation und um alle anderen Bereiche meines Lebens kümmern. Tatsächlich würde er dann sogar ein Wunder bewirken, wenn ich eines brauchte.

5. Das hier verwendete hebräische Wort für »behüten« ist *nazar*, was »aufpassen, beschützen« oder »bewahren, vor Gefahren schützen« bedeutet. Es ist wichtig für uns, auf unsere Herzen aufzupassen, weil dem Herzen das Leben und alles, was dazugehört, entspringt. Die *New Living Translation* sagt: »Es bestimmt den Verlauf deines Lebens«.

7. Sie bekannte und verkündete weiterhin: »Es ist gut.« Sie sprach weiter *Schalom* aus. Obwohl ihre Gefühle zweifellos in großem Aufruhr gewesen sein müssen, sprach sie nicht aus, was sie fühlte, und sagte auch nichts über den Tod ihres Kindes.

8. Die Bibel sagt uns, dass der Mund aus der Fülle des Herzens spricht (siehe Lk 6,45). Ein Weg, wie du dein Herz behüten kannst, ist der, auf deinen Mund zu achten und die Worte zu ändern, die du sprichst.

9. Wenn die Dinge in deinem Leben nicht wie geplant laufen, sprich seinen *Schalom* aus. Bete im Geist, bringe deine Anliegen zu Gott und erlaube seinem Frieden, dein Herz zu bewahren. Halte an seinen Verheißungen fest und bewahre sie im Inneren deines Herzens. Und wenn du in seinem *Schalom*-Frieden bleibst, dann rechne damit, dass gute Dinge passieren werden. Mach dich bereit für dein Wunder.

10. Die verängstigten Jünger, die sich hinter Türen versammelten, *die verschlossen waren*, sind ein Bild dafür, wie Furcht kommt, wenn dein *Mund* verschlossen ist. Dein Mund ist die Tür zu deiner Rettung, die der Teufel zuschließen will. Die Bibel sagt uns, dass du gerettet wirst, wenn du mit deinem *Mund* bekennst, dass Jesus Christus der Herr ist (siehe Röm 10,9). Du musst nicht aussprechen, was du im Natürlichen siehst. Behüte deinen Mund und fülle ihn mit den unerschütterlichen und ewiggültigen Wahrheiten aus dem Wort Gottes. Und der Friede Gottes, der über alles menschliche Verstehen hinausgeht, wird dein Herz bewahren!

KAPITEL 12

1. Wir müssen verstehen, dass wir alles, was Jesus für uns am Kreuz erworben hat, aufgrund eines *Rechtsanspruchs* erhalten. Er heilt uns, sorgt für uns und gibt uns Frieden in unser Herz und in unseren Verstand nicht einfach nur aus Barmherzigkeit, sondern weil diese Segnungen *rechtmäßig* und *gerechterweise* uns gehören.

2. Unser Herr Jesus, der ganz und gar vollkommen und ohne Sünde ist, hat am Kreuz das Werk vollendet und jede Anklage beantwortet, die von unserem Gewissen, dem Teufel oder den Forderungen göttlicher Gerechtigkeit je erhoben werden könnte. Er nahm *alle* unsere Sünden auf sich selbst. Er ertrug stellvertretend für *uns* Hieb auf Hieb und Bestrafung auf Bestrafung für unsere Sünden. Er starb an *unserer* Stelle, bezwang den Tod, stand von den Toten auf und sitzt nun zur Rechten des Vaters. Wegen all dem, was er getan hat, kann uns heute nichts mehr von der Liebe Gottes trennen. *Absolut nichts.*

3. Unser Herr Jesus war die vollkommene Opfergabe. Er hat uns ein für alle Mal geheiligt und gereinigt. Heute sollten wir uns unserer Sünden nicht länger bewusst sein, denn ein von Sünden erfülltes Bewusstsein wäre eine Beleidigung des vollbrachten Werks Christi. Hebräer 10,2 (ngü) drückt es so aus: »Denn der Opfernde wäre ja mit einem einzigen Opfer für immer rein, und seine Sünden würden sein Gewissen nicht länger belasten.«

5. Als Gläubige in Christus sind wir gerechtfertigt worden – gerecht gemacht, freigesprochen von Sünde und vor Gott für schuldlos erklärt (siehe Röm 5,1 AMP). Wie? Aus Glauben. Indem wir *glauben*, dass Jesus am Kreuz alle unsere Sünden wegnahm. Bist du nicht froh, dass wir nicht aus unseren Werken oder aus unserem Gehorsam gerechtfertigt sind? Wir sind aus unserem *Glauben* gerechtfertigt, und nicht aus unserem *Tun*! Selbst unsere besten guten Taten können uns nicht gerecht machen; nur das vollkommene Werk von Jesus kann das tun.

6. Ganz und gar nicht! Wenn wir seine Gerechtigkeit als Geschenk empfangen, werden wir auch gute Werke in unserem Leben hervorbringen, die dann aber *Früchte* dieser Gerechtigkeit sind. Der richtige Glaube führt immer auch zu richtigem Leben.

7. Stephie sah sich als die Gerechtigkeit Gottes in Christus, auch während sie noch in ihrer Drogensucht feststeckte. Als sie sich nicht länger auf ihre eigene Willenskraft verließ, die sie immer wieder im Stich gelassen hatte, und stattdessen auf Gott vertraute, floss seine Kraft in ihre Situation hinein und brach die Sucht, die sie jahrelang gefangen gehalten hatte!

8. Jason begann zu hoffen (was in der Bibel als *zuversichtliche Erwartung von Gutem* bezeichnet wird) und brach aus seinen

Ängsten aus, als er besser verstand, wie gut Gott ist und was die Gnade bewirkt hatte.

10. Dieser Israelit hätte die Nacht völlig umsonst in Unruhe und Angst verbracht, denn seinem Erstgeborenen wäre *aufgrund des Blutes* nichts zugestoßen. Genauso genießen und *besitzen* heute viele Gläubige ihren Frieden mit Gott nicht, obwohl sie den Frieden mit Gott *bereits haben.* Das Blut ist auf ihren Türpfosten, aber sie fürchten sich trotzdem noch, weil sie nicht glauben können, dass Gott wirklich so gut ist. Wegen all der durcheinandergewürfelten Lehren, die die Menschen über Gott hören, können viele Gläubige nicht glauben, dass Gott wirklich *für* sie ist. Es scheint, als würden sie in jeder Situation immer das Schlimmste erwarten. Lass uns glauben, dass Gott uns gegenüber gütig und *für uns* ist und will, dass wir guten Erfolg haben.

11. Die Bibel sagt, Abraham »wurde gestärkt im Glauben, weil er Gott die Ehre gab« (Röm 4,20 ELB). Das griechische Wort für »Ehre« an dieser Stelle ist *doxa*, was unter anderem »gute Meinung« bedeutet. Abraham konnte im Glauben stark sein, weil er von Gott eine gute Meinung hatte und völlig davon überzeugt war, dass Gott in der Lage war, sein Versprechen auch einzulösen. Lass uns Gottes Zusagen, mit denen er verspricht, uns zu heilen, zu beschützen und zu versorgen, mehr vertrauen.

12. Gott ist Liebe, aber er besitzt auch unbestechliche Gerechtigkeit und unbeugsame Heiligkeit. Sünde muss bestraft werden, und die Bibel sagt uns, dass der Lohn der Sünde der Tod ist (siehe Röm 6,23). Deshalb musste unser Herr Jesus am Kreuz sein Leben niederlegen. Er sündigte nicht, in ihm war keine Sünde und er wusste von keiner Sünde. Er wurde bestraft, weil er *unsere* Sünden trug, und dazu war nur er berechtigt. Am Kreuz verband sich Gottes Liebe mit Gottes Gerechtigkeit. Gerechtigkeit und Barmherzigkeit trafen aufeinander. Barmherzigkeit und Wahrheit küssten sich. Am Kreuz fand der göttliche Austausch statt – Jesus wurde bestraft, damit wir freigesprochen, gesegnet und angenommen werden konnten!

13. Dornen stehen für den Fluch. Unser Herr Jesus nahm unseren Fluch der Depression auf sich. Er nahm unseren Fluch des Stresses und der Angst auf sich. Er nahm unsere schmutzigen Vorstellungen auf sich. Er nahm unsere dunklen und bösen Gedanken auf sich. Er nahm alles auf sich und bezahlte für alles, damit er uns mit seinem Frieden krönen konnte, der alles Verstehen übersteigt. Das bedeutet, du musst nicht länger unter der Wolke der Verzweiflung leben. Du musst diesen von Selbsthass erfüllten Gedanken nicht erlauben, dich als Person zu definieren. Du musst nicht mit dem ständigen Gefühl der Scham und Verdammnis leben.

14. Wenn wir unseren Sinn, unser Denken, *fest* auf Jesus ausgerichtet halten, wird er uns, so sagt es das Wort Gottes, mit Frieden umgeben. Halten wir unseren Sinn heute fest auf sein Opfer gerichtet. Behalten wir im Gedächtnis, welchen Preis er bezahlt hat. Konzentrieren wir uns auf sein vollbrachtes Werk. Wir können niemals genug tun, um uns irgendeine seiner Segnungen zu verdienen. Aber gelobt sei Gott, er hat alles vollbracht – wir können ruhen. Wir können loslassen. Wir können uns ganz auf unseren Retter verlassen!

KAPITEL 13

1. Die Wolkensäule, die sie in der Wüste angeführt hatte, bewegte sich hinter sie und blieb zwischen ihnen und dem ägyptischen Heer stehen. Sie hinderte die Feinde Israels die ganze Nacht über daran, sich ihnen noch weiter zu nähern. Doch Gott hielt die Feinde Israels nicht nur auf. Die bedrohliche See, die ihnen den Weg versperrt hatte, wurde in der Mitte geteilt, als Gott für sein Volk das Rote Meer öffnete.

2. Wie hoffnungslos deine Situation auch sein mag, es ist noch nicht das Ende. Gott kann *immer noch* die Dinge für dich wenden, so wie er es für die Kinder Israels tat.

3. Der Herr kann den Tisch für dich *in Anwesenheit deiner Feinde* decken (siehe Ps 23,5). Das Rote Meer verschwand nicht, genauso wenig werden deine Probleme sich einfach verflüchtigen. Aber auch dann, wenn du mit einem Meer von Problemen konfrontiert bist, kann der Herr dieses Meer für dich teilen. Deine Aufgabe ist es, stehen zu bleiben und zuzusehen, wie der Herr dich rettet!

4. Die Bibel sagt: *Bleibt stehen und seht Jesus*! Halte deinen Blick auf ihn, und nicht auf deine Herausforderungen gerichtet. Behalte seine Güte und Treue im Sinn. Besorge dir Predigten, die Jesus enthüllen. Höre sie dir Tag und Nacht an, denn indem du einfach nur Jesus betrachtest, wird sich dein Meer vor dir teilen. Betrachte einfach nur Jesus, und du wirst deinem Ägypten entkommen.

5. Indem du in ihm still stehen bleibst, setzt du aktiv dein Vertrauen auf seine Liebe zu dir ein und erlaubst es dem Herrn selbst, deine Kämpfe auszutragen. Es geht darum, loszulassen, damit seine überreichliche Versorgung fließen kann. Unsere Besorgnis kann unser Leben um keinen einzigen Tag verlängern, aber unser *Vertrauen* auf Gott kann zu Wundern führen. Inmitten deiner Schwierigkeit stehe *innerlich* still und schau zu, wie der Herr für dich kämpft.

6. Er wird sich ganz praktisch um deine Bedürfnisse kümmern. Wenn du dir vertrauensvoll bessere Kunden oder mehr Aufträge von ihm erhoffst, kann er dir auf übernatürliche Weise Türen zu Gelegenheiten öffnen. Wenn eine bestimmte Einkommensquelle versiegt ist oder wenn du kreative Gedanken und Ideen für dein nächstes Projekt oder deine nächste Firmenkampagne brauchst, kann der Herr das, was du brauchst, aus unerwarteten Quellen hervorsprudeln lassen. Vertraue auf ihn, und er wird dich weit über die Maßen hinaus versorgen, als du dir erbitten oder erdenken kannst (siehe Eph 3,20)!

7. Obwohl es wichtig ist, dass wir unser Bestes geben und bei allem, was wir anpacken, ausgezeichnete Arbeit leisten, müssen wir dabei dem Herrn vertrauen und uns auf ihn verlassen anstatt auf unsere harte Arbeit und unsere eigenen Anstrengungen. Unsere Segnungen hängen nicht von der Wirtschaftslage oder vom Zustand des Immobilienmarktes oder vom Börsenklima ab. Gott kann uns mitten in der Wüste segnen, und genauso kann er es in Anwesenheit unserer Feinde. Wenn wir uns jedoch nicht auf ihn, sondern auf uns selbst verlassen, können wir den ganzen Tag lang auf Felsen einschlagen oder sie sonst wie malträtieren, und trotzdem wird nichts anderes fließen als unser eigenes Blut!

8. Hör auf, dir Sorgen zu machen. Er ernährt sogar die Vögel in der Luft und er kleidet die Lilien auf dem Feld. Er wird für dich sorgen. Dein Denken darf zur Ruhe kommen; verbiete der Angst, dir dein Leben zu diktieren. Hör auf, deine Sorgen so fest umklammert zu halten, und übergib sie den liebevollen Händen deines Retters!

9. »Ich werde mir hierüber keine Sorgen machen. Mein Herr Jesus wird sich darum kümmern.«

10. Weil das, was der erste Adam im ersten Garten in Gang setzte, vom letzten Adam in einem anderen Garten zu Ende geführt werden musste. Als Adam gefallen war, sagte Gott zu ihm: »Durch den Schweiß deiner Stirn wirst du deine Nahrung essen« (1Mo 3,19 NIV). Dass Jesus große Tropfen blutigen Schweißes auf seiner Stirn ausschwitzte bedeutet somit, dass wir von Stress,

Angst und jedem bedrückenden Gedanken und jeder lähmenden Lüge erlöst, die unseren Verstand quält!

11. Er erlöste uns alle vom Fluch des Schweißes in unserem Denken, vom Arbeiten voller Stress und Sorge, das aber ergebnislos bleibt. Wir können arbeiten, dabei aber entspannt bleiben! Du kannst ohne Stress arbeiten und dich an deinem Retter freuen.

12. Der Herr sagt zu dir: »Denk nicht an das Frühere, und auf das Vergangene achte nicht! Siehe, ich wirke Neues! Jetzt sprosst es auf. Erkennst du es nicht? Ja, ich lege durch die Wüste einen Weg, Ströme durch die Einöde« (siehe Jesaja 43,18–19). Er wird dir die Gnade schenken, das Frühere zu vergessen, denn er steht im Begriff, etwas *Neues* in deinem Leben zu wirken.

13. Bleib stehen und halte deinen Blick auf den Herrn Jesus gerichtet. Und warte nicht auf das Sichtbarwerden deiner Verheißung, bevor du dich freust. »Freue dich, du Unfruchtbare!«, verkündet die Bibel (Jes 54,1). Ruhe in seinem vollbrachten Werk und freue dich daran, auch wenn du die erwünschten Ergebnisse noch nicht gesehen hast! Und dann mach dich bereit für dein Wunder. Gott ist dabei, für dich einen Weg durch die Wüste zu bahnen und Ströme in der Einöde hervorquellen zu lassen. Er wird einen Weg schaffen, wo kein Weg zu sein scheint!

KAPITEL 14

1. Es war die Ruhe. Gott wählte David nicht als denjenigen aus, der ihm einen Tempel bauen sollte, denn David war ein Kriegsmann. Stattdessen wollte er, dass jemand, der *ein Mann der Ruhe* war, sein Haus baute, jemand, dessen Leben von Frieden und Ruhe gekennzeichnet war. Deshalb wählte er Davids Sohn Salomo aus, dessen hebräischer Name – *Schelomoh* – »Friede« bedeutet.

2. Die allerwichtigste Eigenschaft, um erfolgreich Gottes Haus aufzubauen, ist Ruhe. Menschen, die Krieger sind – die dauernd kämpfen und wetteifern –, werden Mühe haben, irgendetwas zu bauen. Ob du damit beschäftigt bist, eine Firma aufzubauen, Verträge auszuhandeln, eine neue Partnerschaft einzugehen oder eine Familie zu gründen, denke immer daran: Gott hat dich dazu berufen, eine Person der Ruhe zu sein.

3. Gott will nicht, dass du deine Zeit damit verschwendest, dir über Sorgen den Kopf zu zerbrechen und Brot zu essen, das unter widrigen und leidvollen Umständen erworben wurde. Bleib nicht jeden Tag bis nach Mitternacht auf und zwinge dich nicht dazu, lange Stunden ohne Ruhepausen zu arbeiten. Hör auf, ängstlich und angespannt wegen deiner Familie oder beunruhigt wegen deines Jobs zu sein, und mach dir auch keine Sorgen über vor dir liegende Aufgaben. Bleib in der Ruhe und gewinne den Kampf gegen die Schlaflosigkeit. Die Bibel sagt uns, dass er seinen Geliebten Schlaf gibt. Und er gibt dir nicht nur Schlaf, er gibt dir während du schläfst auch das, was du brauchst – Gott gab Salomo Weisheit, während der schlief.

4. Du bist Gottes Geliebter, und er will dir Schlaf geben. Bleib nicht völlig gestresst auf den Beinen –sondern lass ihn, der weder schläft noch schlummert, die Dinge in die Hand nehmen (siehe Ps 121,4). Geh zu Bett, wenn es Zeit dafür ist, denn das ist angewandter Glaube. Du kannst ruhen, weil *der Herr* das Haus baut und der Herr die Stadt behütet. Der Herr baut deine Firma, deinen Dienst, deine Karriere, deine Familie und deine Gesundheit auf!

5. Weil Gott derjenige ist, der jeden Bereich *deines* Lebens aufbauen und behüten kann. Wenn es nicht der Herr ist, der baut, dann würden wir ohnehin vergeblich arbeiten. Mach dir bewusst, dass er dich liebt, dass er hinter den Kulissen für dich tätig ist und dass er möchte, dass du sanften und ununterbrochenen Schlaf findest, während du in seiner Liebe zu dir ruhst.

6. Du musst nicht befürchten, benachteiligt zu werden. Anstatt die vom Herrn kommende Versorgung zu drosseln, weil du alles aus eigener Kraft fest im Griff haben willst, kannst du loslassen und eine gute Meinung von Gott haben. Vertraue darauf, dass er der Gott ist, der vor dir hergeht und gleichzeitig deine Nachhut ist. Wenn etwas nicht klappt – eine Partnerschaft, ein Stellenangebot, der Kauf eines Hauses, auf das du ein Auge geworfen hast –, dann glaube daran, dass der Herr dich für etwas noch viel Besseres in Stellung bringt!

8. Weil Noomi wusste, dass Boas sich in Rut verliebt hatte und *nicht ruhen würde*, bis er die Sache zu seiner Zufriedenheit zu Ende geführt hatte. Und das Ergebnis war, dass Boas Rut heiratete und die beiden zu den Urgroßeltern von König David und somit Teil der natürlichen Blutlinie unseres Herrn Jesus wurden.

9. Was immer du gegenwärtig durchmachst, du kannst auf deinen Erlöser vertrauen. Du kannst still bleiben, weil er nicht ruhen wird, bis er dich aus deiner Notlage erlöst hat. Gott sagte den Kindern Israels: »[Ich] will euch erlösen mit ausgestrecktem Arm« (2Mo 6,6), und auf wortwörtlich genau diese Weise hat unser Herr Jesus uns erlöst – mit ausgestreckten Armen am Kreuz löste er uns auf dem Sklavenmarkt der Sünde, der Armut und der Flüche aus.

10. Noomi sagte zu Rut: »Meine Tochter, sollte ich dir nicht Ruhe verschaffen, damit es dir gut gehen wird?« (Rut 3,1). Wenn wir in seiner Ruhe bleiben, wird der Herr dafür sorgen, dass für uns alles gut gehen wird!

11. Der Herr sieht deinen Wunsch, ihm ein Haus zu bauen. Aber er möchte *dir* ein Haus bauen. Der Herr hat Freude daran, dich zu segnen. Er wird in deinem Dienst, deiner Gesundheit, deiner Ehe, deiner Elternschaft und in deinen Beziehungen seinen Segen auf dich herab befehlen. Es bereitet ihm Freude, seinen Segen auf dich herabregnen zu lassen und dir seine Güte zu zeigen. Warum? Weil er dich liebt.

12. Je mehr du ihm deine Sorgen in die Hände legst, desto mehr ruhst du in ihm, und umso mehr arbeitet er. Konzentriere dich nur auf eine Mühe – nämlich auf die, in seine Ruhe einzutreten! Komm in einen Zustand der Stille, in dem du sicher weißt: Wenn du still bleibst, wird der Mann nicht ruhen, bis er die Sache zu Ende geführt hat! Wir können bei allem, was wir brauchen, immer nur dann in Gottes Versorgungsfluss bleiben, wenn wir in ihm ruhen.

13. Er hat sein Werk vollbracht, mit dem er uns qualifizierte, die Strafe für unsere Sünden trug, uns von den Mächten der Finsternis befreite und uns vom Fluch des Gesetzes erlöste. Es ist alles vollbracht. Er hat das alles für uns getan. Er fand schließlich seine Ruhe darin, dich zu retten, das Werk für dich zu vollenden. Er fand seine Ruhe darin, dir durch sein Blut das Anrecht auf jeden Segen Gottes zu geben. Heute kannst du ruhen. Du musst dir Heilung oder Segnungen oder Ruhe nicht erarbeiten – du musst sie nur entgegennehmen!

KAPITEL 15

1. Sie konnten das verheißene Land nicht betreten, weil das Wort, das sie hörten, »nicht mit dem Glauben verbunden« war. Mein Freund, alles, was wir von Gott empfangen, geschieht durch den Glauben. Wir sind aus Gnade durch den Glauben errettet worden (siehe Eph 2,8). Wir werden durch den Glauben an den Namen Jesu geheilt (siehe Apg 3,16). Unser Herr Jesus selbst hat vielen, die er geheilt hat, gesagt, »dein Glaube hat dich geheilt«

(siehe Mk 5,34; 10,52; Lk 17,19). Die Bibel sagt uns sogar, dass es ohne Glauben unmöglich ist, Gott zu gefallen (siehe Hebr 11,6).

2. »Demnach *kommt* der Glaube aus der Verkündigung, die Verkündigung aber durch Gottes Wort« (Röm 10,17). Wenn du dir das Wort »Gott« an dieser Stelle genauer ansiehst, wirst du feststellen, dass es die Übersetzung des griechischen Wortes *Christos*, also Christus ist. Mit anderen Worten, Glaube kommt aus dem Hören des Wortes von *Christus*. Glaube kommt dann, wenn wir über die Person und das Werk unseres Herrn Jesus sprechen. Glaube entsteht, wenn wir hören, dass wir trotz unseres Versagens die Fülle seiner Gnade und das Geschenk der Gerechtigkeit durch Christus empfangen (siehe Röm 5,17) und damit beginnen können, ein siegreiches Leben zu führen. Jesus ist der Anfänger und Vollender unseres Glaubens (Hebr 12,2). Versuche nicht, Glauben zu erlangen, indem du dich auf den Glauben konzentrierst. Glaube kommt durch *Hören und Hören* – indem wir das Wort Christi hören und hören und immer wieder hören!

3. Die Bibel stellt klar, dass Glaube durch das Hören eines *Predigers* kommt, der das Wort Christi verkündigt. Das von Gott gewählte Versorgungssystem, durch das wir seine Segnungen und Wunder empfangen, ist die Torheit der Verkündigung. Ein Prediger verkündigt einfach nur das Evangelium der Gnade, und das Ergebnis davon ist: Menschen werden gerettet. Ein Prediger verkündigt Jesus, und bei den Zuhörern entsteht Glaube. Ein Prediger verkündigt die Kraft des Kreuzes, und Menschen werden von ihren Krankheiten geheilt. Sie werden von Panikattacken befreit und aus den Fesseln der Sucht gerettet – während das Wort ausgeht!

4. Lukas 5,15 sagt uns, dass »große Volksmengen zusammen [kamen], um ihn zu hören und durch ihn von ihren Krankheiten geheilt zu werden«. Sie kamen, um zu hören, und dann geheilt zu werden. Das ist der Plan Gottes. Wir hören, was gelehrt und gepredigt wird, und werden geheilt. Die Bibel sagt uns: »Und Jesus durchzog ganz Galiläa, lehrte in ihren Synagogen und verkündigte das Evangelium von dem Reich und heilte alle Krankheiten und alle Gebrechen im Volk« (Mt 4,23). Lieber Freund, es spielt keine Rolle, welches Leiden du hast oder welches Problem dich quält. Alles muss sich vor dem Namen Jesus beugen, weil er »hoch über jedes Fürstentum und jede Gewalt, Macht und Herrschaft und jeden Namen, der genannt wird« gesetzt ist (Eph 1,21).

5. Im Hebräischen ist es ursprünglich eigentlich ein *schama* oder ein hörendes Herz – ein Herz, das zuhört. Und das gefiel dem Herrn so gut, dass er Salomo nicht nur gab, worum dieser ihn gebeten hatte, sondern er gab ihm auch, wonach Salomo nicht verlangt hatte – »Reichtum und Ehre« (1Kö 3,13).

6. Maria »setzte sich zu Füßen von Jesus hin und hörte ihm *aufmerksam* zu« (Lk 10,39 HFA). Sie hörte aufmerksam, also *ununterbrochen*, dem Herrn zu, wie er lehrte! Wenn wir *»das Eine«* tun, das nötig ist, werden wir nicht wie Marta sein – besorgt und beunruhigt um *viele Dinge*.

7. Möglicherweise hörst und hörst du das Wort Christi nicht (eine andauernde Handlung in der Gegenwart). Mach nicht den Fehler zu glauben, dass du, nur weil du ein paar Predigten über Gottes Gnade gehört hast, schon alles darüber weißt. Es reicht nicht, nur *gehört* zu haben. So, wie du immer wieder essen musst, um am Leben zu bleiben, kommt auch die Nahrung für deinen Glauben davon, dass du immer wieder zuhörst.

8. Satan kommt sofort, um das gesäte Wort wegzunehmen. Er will nicht, dass das Wort Gottes auch nur einen einzigen Tag lang in unserem Herzen verbleibt, weil er weiß, wie viel Kraft die Samen von Gottes Wort entwickeln, wenn sie erst einmal zu wurzeln beginnen. Solange das Wort keine Wurzeln geschlagen hat, werden wir fallen, wenn Schwierigkeiten kommen.

9. Dieser Kampf richtet sich nicht direkt gegen Satan; es geht um den Kampf zu glauben, dass Gott uns beschenkt hat. Wir kämpfen darum, nicht durch Schauen, sondern durch Glauben zu leben. Wenn wir glauben, ist der Teufel besiegt. Hinter jedem Versuch, uns zurück in die Stress- und Sorgenfalle zu locken, steht die Absicht, uns von unserer Position des Glaubens in Christus hinunterzustoßen.

10. Furcht bringt uns dazu, uns auf all die sichtbaren Probleme zu konzentrieren – in den Nachrichten, in unserem Leben, an unserem Arbeitsplatz. Glaube dagegen hilft uns, uns auf das zu konzentrieren, was Gott sieht – auf das, was jenseits der schlechten Nachrichten, körperlichen Symptome und der vor uns stehenden Riesen liegt. Das Wort Gottes sagt uns: »Was sichtbar ist, das ist zeitlich; was aber unsichtbar ist, das ist ewig« (2Kor 4,18). Im Glauben sehen wir, dass all diese Probleme zeitlich begrenzt sind!

11. Es reicht nicht aus, eine biblische Verheißung gehört zu haben, die sich mit einer bestimmten Angst oder mit einem Problem befasst. Wir müssen sie immer und immer wieder hören – bis seine Verheißungen in unseren Herzen Wurzeln schlagen. Und wenn das geschieht, werden wir »eine Ernte hervorbringen, dreißig, sechzig oder sogar hundert Mal so groß, wie dafür gesät wurde« (Mk 4,20 NLT)!

12. Möge der Herr, wenn du dir die Zeit nimmst, auf ihn zu warten und ihm zuzuhören, deine Kraft erneuern, sodass du läufst und nicht matt wirst, und gehst und nicht müde wirst!

13. Das Wort »hörte« steht im griechischen Text im Imperfekt. Das heißt, dass der Mann ein »gewohnheitsmäßiger Hörer von Paulus' Predigten« war und »*wiederholt* die Lehre des Evangeliums hörte«. Er hörte immer weiter zu, bis dann eines Tages Paulus feststellen konnte, »dass er Glauben hatte, geheilt zu werden«. Und so empfing er sein Wunder, als Paulus ihn zum Aufstehen aufforderte.

14. Gemäß Apostelgeschichte 14,3 verkündigten Paulus und Barnabas »die Botschaft von seiner Gnade«, und Gott bestätigte diese Botschaft, indem er Zeichen und Wunder durch ihre Hände geschehen ließ!

KAPITEL 16

1. An *vielen* Bächen, nicht nur an einem. Welch ein wunderschönes Bild der fortwährenden Versorgung mit *Bächen* voller Wasser, das dir Kraft gibt und dich immerzu erfrischt. Selbst wenn ein Bach austrocknet, fließen immer noch andere Bäche. Und du bist nicht einfach zufällig am Bach *gewachsen*. Jemand hat dich dorthin *gepflanzt*! Und ganz sicher wird sich der Eine, der dich gepflanzt hat, auch um dich kümmern und dich versorgen!

2. Es bedeutet, in keiner Weise unfruchtbar, sondern in allen Bereichen fruchtbar zu sein, einschließlich deiner Finanzen, deines Körpers und deines Dienstes. Deine Blätter werden nicht verwelken; stattdessen werden sie immergrün, frisch und saftig sein. Damit ist gemeint, dass du immer jung, stark und voller Leben und Energie sein wirst. Blätter stehen in der Bibel auch für Heilung. Das bedeutet, deine Gesundheit wird immergrün sein; sie wird dich nicht im Stich lassen!

3. Weiter geht es mit: »... und alles, was er tut, gerät wohl.« Was für eine starke Zusicherung! Alles, was du tust, wird wohlgeraten und gelingen! Selbst wenn du einen Fehler machst, kann der Herr noch etwas Gutes daraus machen!

4. Er schätzt und genießt das Wort des Herrn. Seine Zeit im Wort verbringt er nicht auf gesetzliche Weise, sondern weil er es mit Einsicht tut, bereitet es ihm Lust oder ein »aus der Befriedigung eines Wunsches entstehendes angenehmes, freudiges Gefühl«, so sehr, dass er Tag und nach über Gottes Wort nachsinnt!

5. Das hebräische Wort für »nachsinnen« ist *hagah*, was »hersagen«, »murmeln« oder »mit leiser Stimme sprechen« bedeutet, wie man es tut, wenn man sich gedanklich mit etwas beschäftigt. Auf Gottes Art nachzusinnen bedeutet also, nicht einfach nur in deinem Kopf über etwas nachzudenken, sondern es mit deinem Mund auch leise auszusprechen. Während du über Gottes Wort nachsinnst und es leise vor dich hinmurmelst, hörst du immer und immer wieder das Wort Christi!

6. Gott ermahnt Josua, das Buch des Gesetzes nicht von seinem *Mund* weichen zu lassen – es ist dein *Mund*, nicht so sehr dein Verstand, den du beim Nachsinnen gebrauchst. Nimm eine Schriftstelle und murmle sie Tag und Nacht leise vor dich hin, »damit du darauf achtest, nach alledem zu handeln, was darin geschrieben ist«, und du wirst auf deinen Wegen zum Ziel gelangen und guten Erfolg haben.

7. Erfolg bezieht sich nicht nur auf Finanzen. Er berührt jeden Bereich deines Lebens, einschließlich deiner Beziehungen, deiner Familie, deines inneren Friedens und deiner Gesundheit. Guten Erfolg zu haben, lässt darauf schließen, dass es auch *schlechten* Erfolg gibt. Wenn du finanziell »erfolgreich« bist, aber keine Zeit für dein Familienleben hast, dich von deinen Freunden entfremdet hast und ständig arbeitest, ohne Zeit für die schönen Dinge des Lebens zu haben, dann ist das kein guter Erfolg.

8. Nachdem wir Gottes Wort gelesen haben, können wir es immer wieder hervorholen und darauf herumkauen. Im Laufe des Tages gibt es immer wieder kurze Zeitspannen, in denen wir Verse und Verheißungen hervorholen können, die uns dann von neuem ernähren, während wir das Wort wiederkäuen, bis wir alle Nährstoffe und alles Wasser herausgelöst haben. Gott möchte, dass wir während des Tages sein unerschöpfliches Wort wiederkäuen und uns von seinen Wahrheiten ernähren, bis wir selbst aus einem einzelnen Vers auch noch das letzte bisschen Nährstoffe extrahiert haben.

9. Es kann etwas so Einfaches wie Karteikärtchen mit Bibelversen sein, die du bei dir trägst und während des Tages immer wieder hervorziehst, um die Verse zu lesen und Nahrung daraus zu ziehen, indem du auf ihnen herumkaust. Oder benutze eine Bibel-App auf deinem Smartphone. Wenn dich beunruhigende Gedanken überfallen, nimm einen Vers, sprich ihn laut aus und kaue immer und immer wieder auf ihm herum.

11. Diese Schriftstelle sagt uns, dass du »Fortschritte« in deinem Leben sehen wirst, wenn du über die Lehren und Glaubensgrundsätze sorgfältig nachsinnst und darin lebst. Was du in deinem Inneren hast, wird sich im Äußeren zeigen, sodass es für jeden offensichtlich wird – deine Fortschritte werden allen offenbar.

KAPITEL 17

1. Macht ein Spiel daraus, euch gegenseitig dabei zu ertappen, wenn ihr besorgt seid, und erinnert einander dann daran, eure Herzen nicht erschrecken zu lassen. Fasst den gemeinsamen Entschluss, einander immer gleich zu verzeihen und alle Verletzungen an den Herrn abzugeben. Findet Predigten, die Christus zum Mittelpunkt machen, hört sie euch gemeinsam an und sprecht über die Punkte, die euch besonders angesprochen haben. Wenn ihr durch eine gesundheitliche oder finanzielle Krise geht, findet Verheißungen in Gottes Wort, über die ihr gemeinsam als Ehepaar nachsinnen könnt. Bittet den Herrn, der stets auf eurer Seite ist, euch zu dabei helfen, ihn bleibend in eure Gespräche mit einzubeziehen und ihn immer im Mittelpunkt eurer Beziehung sein zu lassen.

2. Unser Herr Jesus hat gesagt: »Wenn zwei von euch hier auf der Erde darin eins werden, um etwas zu bitten – was immer es auch sei –, dann wird es ihnen von meinem Vater im Himmel gegeben werden« (Mt 18,19 NGÜ). Gemeinsam könnt ihr beschließen, alle eure Sorgen auf den Herrn zu werfen. Werft jede Sorge über die Versorgung der Familie, die Ausbildung der Kinder und die zu bezahlenden Rechnungen auf ihn, denn er sorgt für euch individuell und als Familie. Gemeinsam könnt ihr euch darauf einigen, in der Ruhe zu bleiben, anstatt gestresst und aufgeregt zu sein. Erinnert euch gegenseitig daran, dass der Herr höchstpersönlich eure Schlachten schlägt, ganz gleich, ob eine chronische Erkrankung, mangelnde Zeit füreinander oder irgendeine Sucht eure Ehe belastet. Wenn ihr auf den Herrn Jesus und sein vollbrachtes Werk fokussiert seid, statt euch aufeinander zu konzentrieren, dann wird er dich und deinen Ehepartner näher zueinander bringen und eure Ehe stärker machen, als sie es je war.

3. Im Hebräischen besteht »genau hören« aus den Elementen *schama schama*, was wörtlich »hören, hören« bedeutet. Wir haben uns angesehen, wie wichtig das Hören ist, weil die Segnungen Gottes uns erreichen, indem wir zuhören. Wenn wir *schama schama*, können wir die Verheißung des Herrn von »Tagen des Himmels über der Erde«, die sich auf unser Familienleben bezieht, in zunehmendem Maße erleben.

4. Gott hat die Ehe dazu bestimmt, ein mächtiges Bündnis zu sein. Die Bibel verkündet, dass einer Tausend verjagt, aber zwei sogar Zehntausend in die Flucht schlagen können (siehe 5Mo 32,30). Die Kraft nimmt in einer Ehe sprunghaft zu.

6. Anforderungen, Stress und Lasten können negative Auswirkungen auf unsere Beziehungen und Ehen haben. Sorgen und

Ängste können unsere Ehen stark belasten und sogar die Intimität beeinträchtigen. Babys kommen. Da sind Windeln zu wechseln, hungrige Münder zu füttern, und der Wein geht zu Ende. Da sind Vorgesetzte, die zufriedengestellt, Termine, die eingehalten werden müssen, und der Wein geht zu Ende.

7. Ihr Name ist Jesus. Die Bibel sagt uns, dass »eine dreifache Schnur nicht so bald zerrissen [wird]« (Pred 4,12). Wenn du und dein Ehepartner Jesus dazu einladen, Mittelpunkt eurer Ehe zu sein, und ihr beide aus ihm schöpft, anstatt euch gegenseitig »auszupumpen«, kann eure Ehe gestärkt werden anstatt sich zu erschöpfen – auch dann, wenn die Anforderungen sich häufen.

8. Weil nur der Herr diese Position besetzen kann. Dein Ehepartner kann nicht Gott sein. Wenn ihr euren Blick auf den Herrn anstatt auf euch beide gerichtet haltet, könnt ihr euch in seiner unbegrenzten Kraft und Gnade gegenseitig dienen, anstatt voneinander zu fordern. Wenn ihr ihn dazu einladet, der Mittelpunkt in eurer Ehe zu sein, kann er dafür sorgen, dass alles Fade und Langweilige süß und berauschend wird. Er kann eure Ehe mit mehr Leidenschaft und Liebe erfüllen als zu Beginn eurer Beziehung. Er wird dafür sorgen, dass der Wein nie zu Ende geht und dass ihr weit über alles hinaus, was ihr euch erbitten oder erdenken könnt, versorgt werdet (siehe Eph 3,20)!

9. Wenn du ihn in deine Ehe einlädst, sagt er dir heute: »Und ich werde euch die Jahre zurückerstatten, welche die Heuschrecke verzehrt [hat]« (Joel 2,25).

10. Gott erinnerte David daran, dass er ihn in anderen Bereichen reich gesegnet hatte. Doch David hatte Gott nicht darum gebeten, ihn mit dem zu versorgen, was er in seiner Ehe brauchte. Menschen haben oftmals die falsche Vorstellung, dass Gott sich mehr für die »wichtigeren« Dinge wie Errettung interessiert, weshalb sie es versäumen, mit den »alltäglichen« Dingen wie ihrer

Ehe zum Herrn zu kommen. Gott ist an deiner Ehe interessiert und er möchte dich für deine Ehe mit seiner Gnade versorgen. Wenn du versuchst, dir selbst zu helfen, wird dein Problem nur noch größer.

11. Wir sollten den Herrn stets um mehr von seiner Gnade in unseren Ehen bitten. Wenn du heute mit deiner Ehe nicht zufrieden bist – wenn die Leidenschaft verflogen ist und es in deiner Beziehung keine Freude mehr gibt –, bitte den Herrn um mehr von seiner Gnade in deiner Ehe. Aber um es deutlich zu sagen: Er wird dir keine andere Beziehung außerhalb deiner Ehe geben. Er wird vielmehr dir und deinem Ehepartner neues Verlangen nacheinander geben und das, was fade geworden ist, mit seiner süßen Liebe durchtränken!

12. Auch wenn du versagt hast, kann der Herr die Dinge immer noch wenden. Der Herr kann dich zu einem besseren Ehepartner als je zuvor machen, indem du seine unverdiente und nicht selbst erarbeitete Liebe erfährst. Du verdienst es nicht, aber am Kreuz hat er den Preis dafür bezahlt, dass du in deiner Ehe seine Segnungen erfahren kannst. Er war dein Schuldopfer und trug alle Bestrafung, die du verdient hättest, damit du in allem Segen leben kannst, den er verdiente (siehe Eph 2,4–7).

13. Deine Aufgabe ist es, alles eigene Bemühen, alle Sorge und alles Bedauern loszulassen. Lass los und ruhe in seinem vollbrachten Werk. Wenn du auf ihn anstatt auf deine eigenen Anstrengungen vertraust, wird seine wunderwirkenden Kraft zu fließen beginnen und du wirst erleben, wie er in deiner Ehe etwas Neues bewirkt.

14. Als sie immer mehr darüber hörten, was Jesus für sie getan hatte, verwandelte sich das Wasser zu Wein. Die Liebe kehrte in ihre Ehe zurück und ihre Beziehung wurde besser als je zuvor!

KAPITEL 18

1. Gott möchte, dass wir seine Worte zuerst auf unser Herz und unsere Seele legen – dass wir über seine Worte nachsinnen und sie immer und immer wieder in uns bewegen, bis sie tief in unser Herz und in unsere Seele sinken.

2. Im täglichen Leben – indem wir über seine Worte reden, wenn wir zu Hause zusammensitzen oder gemeinsam spazieren gehen, nach dem Aufstehen und wenn wir uns schlafen legen. Wenn wir persönlich Zeit damit verbringen, über sein Wort nachzusinnen, und es in der Gegenwart unserer Kinder »murmeln«, werden sie es dadurch lernen! Und mit uns als Beispiel werden sie die Güte Gottes kennenlernen! Das gilt besonders für jüngere Kinder.

3. Über Jesus sollen wir mit ihnen sprechen. Das hebräische Wort, das nicht übersetzt wird, besteht eigentlich aus zwei Buchstaben, *Aleph* und *Taw*, was die Signatur unseres Herrn Jesus ist. *Aleph* ist der erste Buchstabe des hebräischen Alphabets, während *Taw* der letzte Buchstabe ist. In der Offenbarung sagte Jesus zu Johannes: »Ich bin das Alpha und das Omega – der Anfang und das Ende …« (Offb 1,8 NLB). Alpha ist der erste und Omega der letzte Buchstabe des griechischen Alphabets. Jesus hat mit seinen jüdischen Mitmenschen Hebräisch gesprochen, daher muss er Folgendes gesagt haben: »Ich bin *Aleph* und ich bin *Taw*.« Gott will, dass wir unsere Kinder über *Jesus* lehren!

5. Du umhüllst deine Kinder mit Gottes Salbung, wie es die schunemitische Frau tat, als sie ihren toten Sohn auf Elisas Bett legte, das mit Salbung durchtränkt war. Später streckte sich Elisa selbst über dem Kind aus und umhüllte den Jungen wie ein Sandwich mit Salbung – Salbung von unten und Salbung von oben –, wodurch dieser ins Leben zurückgebracht wurde. Das gibt uns eine Vorstellung davon, wie unsere Kinder geistlich zum Leben erweckt werden, wenn wir sie mit der Salbung bedecken und sie mit dem Wort Gottes umgeben.

6. Vielleicht siehst du keine sofortige Frucht, aber zur rechten Zeit werden deine Kinder Früchte tragen! Erzähle ihnen im Glauben weiterhin von deinem wunderbaren Jesus, der sie bedingungslos liebt, selbst wenn sie Fehler machen. Nimm sie weiter in die Gemeinde mit, auch wenn sie die Lehren nicht verstehen. Unser Herr Jesus sagte: »Denn wo zwei oder drei versammelt sind in meinem Namen, da bin ich mitten unter ihnen« (Mt 18,20). Er ist mitten unter deinen Kindern – und seine Gegenwart wird sie leiten und behüten.

7. Das Beste, was wir tun können, ist, sie loszulassen und sie den liebenden Armen des Herrn zu übergeben. Hör auf, deine Kinder durch eigene Bemühungen ändern zu wollen. Wenn du dich darauf konzentrierst, Gottes Wort auf dein Herz zu legen und deine Kinder alles über Jesus zu lehren, dann glaube, dass der Segen, Tage des Himmels über der Erde zu erleben, auf deine Kinder kommen wird. Wende das Kreuz auf alle Herausforderungen an, mit denen dein Kind konfrontiert ist – jede Krankheit, jede Zurückweisung, jeder Kampf wurde am Kreuz auf den Körper Jesu gelegt. Sinne weiter über sein vollbrachtes Werk nach und weise deine Kinder auf ihn hin. Lass los und vertraue dem Herrn.

8. Zu oft vertrauen wir den Urteilen von Ärzten, Lehrern oder Psychologen über unsere Kinder. Lass uns daran denken, unser Vertrauen nicht diesen Experten und ihren fehlbaren Worten zu schenken, sondern auf den Einen zu vertrauen, dessen Worte nicht unverrichteter Dinge zu ihm zurückkehren (siehe Jes 55,11).

9. Sie ist ein Ort der Rettung, Sicherheit und Befreiung. Wenn du die Sorge um deine Kinder loslässt, setzt du deine Kinder damit nicht in tückisches Gewässer aus. Du lässt deine Kinder los und platzierst sie in der Arche. Alle, die in Noahs Arche waren, wurden vor den Fluten des Gerichts gerettet, somit ist die Arche ein Bild für unseren Herrn Jesus! Du lässt die Sorge um deine Kinder los und legst deine Kinder in die Hände Jesu, der *niemals* versagen wird.

10. Er kann sie zur richtigen Zeit am richtigen Ort sein lassen und sie vor Zerstörung bewahren. Er kann die richtigen Menschen in ihr Leben bringen, die sich um sie kümmern, sie lehren und für sie sorgen werden, als wären es ihre eigenen Kinder! Jochebed wurde sogar dafür bezahlt, sich um ihren eigenen Sohn zu kümmern, und Mose wurde aus der Schatzkammer des Pharaos unterhalten, desselben Mannes, der seinen Tod angeordnet hatte.

11. Die Bibel sagt, dass unsere Kinder vom Herrn gelehrt werden, und dass sie nicht nur Frieden haben werden, sondern ihr Friede wird auch groß sein! Das hebräische Wort für »Frieden« lautet an dieser Stelle *Schalom*, was auch Vollständigkeit, Gesundheit, Wohlergehen und Frieden bedeutet. Du kannst dich auf Gottes Zusage stellen, dass deine Kinder völlig gesund, heil und wohlauf sein dürfen. Ergreife die Wahrheit, dass sie in übernatürlichem Frieden leben dürfen – auch wenn die Umstände um sie herum vielleicht nicht so gut aussehen.

KAPITEL 19

1. Das hebräische Wort für »gelassen«, mit dem das Herz in diesem Vers beschrieben wird, ist *marpe*, was »eine Heilung« oder »Heilmittel« bedeutet. Wenn also dein Herz Frieden hat, wenn es gelassen und ruhig ist, wird es zu einem heilenden Herz, das deinem Körper Leben gibt! Mit anderen Worten, wenn du lange leben möchtest, habe eine entspannte Einstellung. Lass dein Herz nicht in Sorge oder Angst versetzen (siehe Joh 14,27)!

2. *Rapha* bedeutet »heilen« und es ist dasselbe Wort, das der Herr benutzte, als er sich als *Jahwe-Rapha*, »der Herr, der dich heilt«, bezeichnete (2Mo 15,26). Wenn wir jetzt noch eine Stufe tiefer gehen, sehen wir, dass *rapha* eng mit dem Wurzelverb *raphah* verwandt ist, das »entspannen, loslassen« bedeutet. Mit anderen Worten, im Hebräischen ist *Heilung* eng mit dem Akt des *Entspannens* verbunden. Erinnert dich das nicht ans Loslassen deiner Sorgen, daran, wie du deinen Griff lockerst und es seiner Versorgung ermöglichst, durch diese aus dem Himmel kommenden Röhren zu fließen? Erinnert es dich nicht auch an den ungezwungenen, mühelosen Rhythmus der Gnade?

3. Heilung kommt, wenn der Kopf und der Mund von dem Opfer sprechen! Je mehr wir über das Opfer, das unser Herr Jesus am Kreuz vollbracht hat, meditieren und darüber sprechen, desto stärker werden wir in der Gesundheit leben, für die er bezahlt hat, damit wir sie besitzen können. Wenn du heute auf den Herrn vertraust, was deine Heilung betrifft, dann höre nicht auf, an sein Opfer zu denken und darüber zu sprechen. Sinne kontinuierlich über Verse nach, die von seinem vollbrachten Werk erzählen.

4. »Mein Sohn, achte auf meine Worte, neige dein Ohr zu meinen Reden! Lass sie nie von deinen Augen weichen, bewahre sie im Innersten deines Herzens! Denn sie sind das Leben denen, die sie finden, und heilsam ihrem ganzen Leib.«

5. Er sagt, wir sollen auf seine Worte achten und unser Ohr zu seinem Reden neigen. Er ermahnt uns, seine Worte nicht von unseren Augen weichen zu lassen, unseren Blick und unsere Aufmerksamkeit auf *seine* Worte gerichtet zu halten. Lass uns ungeachtet der negativen Berichte und Befunde, die wir vielleicht erhalten haben, unseren Blick auf seine Worte gerichtet halten und sie nie aus den Augen verlieren. Erlauben wir es seinen Verheißungen, bis tief in unser Herz zu dringen. Und wenn wir das tun, so erklärt es die Bibel, dann *sind* seine Worte »das Leben denen, die sie finden, und heilsam ihrem ganzen Leib«.

Das hebräische Wort für Heilung ist hier übrigens *marpe*. Gottes Worte sind Heilung für unseren *ganzen* Körper. Sie sind Heilung für Augen, Nieren, Knochen, Haut und Lunge. Sie sind Heilung für unseren *ganzen* Körper! Nicht ein einziger Teil unseres Körpers bleibt von der Heilungskraft in Gottes Wort unberührt!

6. Dort heißt es, wir sollen »nicht auf das Sichtbare sehen, sondern auf das Unsichtbare; denn was sichtbar ist, das ist zeitlich; was aber unsichtbar ist, das ist ewig«. Dieser ärztliche Befund ist zeitlich und natürlich; Gottes Wort ist ewig und übernatürlich. Der Mensch versagt und macht Fehler; Gott versagt nie. Je mehr du an sein Wort denkst und es aussprichst, desto stärker wirst du seine übernatürliche Heilung erleben!

7. Glaube auch du an deine vollständige Heilung im mächtigen Namen Jesu, während du an seinem Wort festhältst. Bleib ruhig. Gib alles eigene Bemühen auf und sei dir bewusst, dass er Gott ist. Stehe still und erlebe die Rettung, Hilfe und Befreiung durch deinen Gott. Er hat dich nicht vergessen. Vor dem Namen Jesu muss sich jedes Knie beugen. Welche Krankheit, welches Gebrechen, welches Leiden du auch haben magst, alles muss sich Jesus beugen. Also sei im Namen Jesu geheilt. In diesem Moment belebt derselbe Heilige Geist, der Jesus von den Toten auferweckt hat, auch deinen Körper. Empfange diese Kraftspritze. Empfange Erneuerung der Jugend, wie sie der Adler erlebt, und Wiederherstellung der Kraft – in Jesu Namen!

8. Christus hat uns von jedem Fluch erlöst (siehe Gal 3,13), und er möchte auch, dass wir in jedem Bereich unseres Lebens Tage des Himmels auf der Erde genießen (siehe 5Mo 11,21). Auch wenn wir älter werden, bedeutet das, dass es nicht Gottes Wille für uns ist, mit Krankheit und Schmerzen zu leben.

9. Im Alter von fünfundachtzig stellte Kaleb fest: »Ich bin noch heute so stark, wie ich war an dem Tag, als mich Mose aussandte; wie meine Kraft damals war, so ist sie auch jetzt, zu kämpfen und aus- und einzuziehen« (Jos 14,11). Mose war 120 Jahre alt, als er starb, und doch hatte »sein Sehvermögen nicht nachgelassen und seine Kraft war nicht geschwunden« (5Mo 34,7 NEÜ). Als Sarah in ihren Sechzigern war, *sahen* die Ägypter, wie uns die Bibel erzählt, »dass die Frau sehr schön war« (1Mo 12,14), und brachten sie in den Harem des Pharaos. Als sie in ihren Neunzigern war, fügte Abimelech, der König von Gerar, sie ebenfalls seinem Harem hinzu (siehe 1Mo 20,2). Man bedenke, dass das heidnische Könige waren, die sich aus ihrem Reich jeweils die schönsten Frauen aussuchen konnten. Was sagt dir das? Gott erneuerte ihre Jugend.

10. Er schrieb es drei Ursachen zu, eine davon war seine Liebe zur Bibel und ihre konstant wirkende heilsame Kraft, die sie auf seine gesamte Person ausübte. In Gottes Wort liegt eine erfrischende, reinigende, neu belebende, verjüngende und wachstumsfördernde Kraft!

11. Müller sagte: »Seit über siebzig Jahren bin ich nicht mehr besorgt gewesen«, und das, obwohl er während seines Lebens für den Unterhalt und die Versorgung von über *zehntausend* Waisen verantwortlich war.

12. Dort wird uns gesagt, dass der Herr dein Leben und die Verlängerung deiner Tage ist. Die Verlängerung deiner Tage ist eine Person – Jesus! Unsere Langlebigkeit und die Segnungen, die wir genießen können, beruhen nicht auf Dingen, die wir tun müssen, sondern hängen von ihm ab, der allmächtig, allwissend und – das Beste von allem – ganz und gar liebevoll ist! Dank ihm können wir unerschütterliche Sicherheit, unaussprechliche Freude und Frieden haben, der alles Denken übersteigt!

13. Das hebräische Wort für »Heil« an dieser Stelle ist *Jeschua*, der Name Jesus auf Hebräisch. Der Vers kann also auch so gelesen werden: »Ich will ihn sättigen mit langem Leben und ihn schauen lassen meinen *Jeschua*«, oder »meinen Jesus«. Je mehr von Jesus du im Wort siehst, desto mehr wirst du mit langem Leben gesättigt. Und Gott gibt dir langes Leben, damit du mehr und mehr und immer mehr von seinem Sohn sehen kannst.

KAPITEL 20

1. Selbst wenn es so scheint, als wäre alles um dich herum erschüttert worden, gibt es einen unerschütterlichen Felsen, der höher ist als du. Sein Name ist Jesus. Seine ewigwährende Liebe zu dir wird *niemals* versagen. Er ist der starke Turm, zu dem du laufen kannst, wenn deine Feinde dich umzingeln. Geborgen im Schutz seiner Flügel kannst du sicher ruhen.

3. Die Bibel sagt uns: »Und als er das sah, machte er sich auf und lief um sein Leben« (1Kö 19,3 ZÜB). Elia – der Mann des Glaubens – fing an, nach dem zu gehen, was er sah. Er wurde von den sichtbaren Dingen, die zeitlich sind, gefangen genommen und verlor seine Sicht auf den unsichtbaren Gott, der ewig ist.

4. Elia vergaß den Gott, der ihn an den Bach Krit geführt hatte. Er vergaß, wer die Raben dazu gebracht hatte, ihn morgens und abends mit Nahrung zu versorgen. Er vergaß die Witwe, der Gott befohlen hatte, ihn zu speisen. Und er vergaß den Topf mit Mehl, der nie leer geworden und den Krug mit Öl, das nie versiegt war. Er vergaß den Gott der Auferstehung, der durch ihn den Jungen von den Toten erweckt hatte. Er vergaß den Gott, der mit Feuer und mit nachfolgendem Regen geantwortet hatte.

5. Elia wurde auch depressiv und lebensmüde, und bat darum, sterben zu dürfen.

6. Wenn im Alten Testament der »Engel des Herrn« erwähnt wird, dann bezieht sich das in den meisten Fällen auf ein Erscheinen Christi im Zustand vor seiner Menschwerdung. So, wie der wiederauferstandene Jesus für seine hungrigen Jünger das Frühstück zubereitete (siehe Joh 21,9), erschien der Herr auch Elia, versorgte ihn und sagte: »Steh auf und iss, denn der Weg ist zu weit für dich!« (1Kö 19,7) Mein Freund, er liebt dich, und er sorgt auf persönliche und praktische Weise für dich. Zweifle nie daran.

7. Er ernährt uns mit seinem Wort. Nimm Jesus im Wort zu dir. Iss das Brot des Lebens und höre nicht damit auf. Sieh, wie der Herr das Brot für dich bricht und zu dir sagt: »Nimm, iss; dies ist mein Leib« (Mt 26,26). Ein Wort von Gott kann dich in seiner Kraft gehen lassen.

9. Er kommt er zu uns, um uns während unserer Zeiten der Entmutigung zu stärken. Vielleicht spricht er durch sein Wort zu dir oder durch die Zeilen eines Freundes oder auch durch die Seiten dieses Arbeitsbuchs. Seine Botschaft lautet: »Sei stark und mutig, fürchte dich nicht und erschrick nicht vor ihnen! Denn der HERR, dein Gott, er ist es, der mit dir geht; er wird dich nicht aufgeben und dich nicht verlassen« (5Mo 31,6). Er ist mit dir auf der Reise!

10. Wenn du nichts sehen kannst, vertraue. Vertraue auf den unsichtbaren, unfehlbaren Gott, der dich liebt. Jesus hat gesagt: »Ich bin immer bei euch, bis das Ende dieser Welt gekommen ist!« (Mt 28,20 HFA). Der Herr selbst ist bei dir. Immer. Auch jetzt.

11. Der Herr war weder in dem Erdbeben noch in dem Wind oder in dem Feuer. Er war in der Stimme eines sanften Säuselns.

Wenn du diesen Vers im Hebräischen studierst, ist dort von einem ruhigen Flüstern voller Freundlichkeit die Rede. Was ist das? Es ist der Dienst der Gnade. Suche Gott nicht in äußerlichen Manifestationen. Er ist in dem sanften Flüstern, das direkt zu deinem Herzen spricht.

ZUSÄTZLICHE AUDIOBOTSCHAFTEN

In zusätzlichen Audiobotschaften (auf Englisch) kannst du Joseph Prince über die biblischen Prinzipien und Wahrheiten predigen hören, die in den einzelnen Kapiteln dieses Buchs angesprochen werden. Besuche dazu *josephprince.com/LetGo.*

Kapitel 1: Lass los
It's Time to Let Go!
Your Only Battle Today Is the Fight to Remain at Rest

Kapitel 2: Sieh dir nur die Vögel an
Let Go and Let God Flow
God's Rest for the Rest of Your Life
Never Alone, Always Cared For

Kapitel 3: Erfahre sein vollwertiges Leben und vollkommene Gesundheit
Becoming Stress-Free and Healthy
Never Alone, Always Cared For

Kapitel 4: Wie man ein unbeschwertes Leben lebt
Becoming Stress-Free and Healthy
Live the Let-Go Life!

Kapitel 5: Im Rhythmus der Ruhe
Living by the Unforced Rhythms of Grace
Rest Is the Promised Land of the Believer
Live Stress-Free by His Spirit

Kapitel 6: Im Rhythmus der Gnade leben
Let Go and Flow in the Vine Life

Kapitel 7: Ruhe bringt die von Gott befohlenen Segnungen
Jesus Our True Jubilee and Sabbath
Restful Increase versus Stressful Increase

Kapitel 8: Du sitzt mit auf dem Thron
Have a Throne Attitude – Rest Until God Makes Your Enemies Your Footstool
Your Only Battle Today Is the Fight to Remain at Rest

Kapitel 9: Geh auf die Wellenlänge des Friedens
Peace Keeps What Grace Gives
Live Stress-Free by His Spirit
If It's a Miracle You Need, a Miracle You'll Get – If You Remain in Peace

Kapitel 10: Alles umfassender Schalom
If It's a Miracle You Need, a Miracle You'll Get – If You Remain in Peace
Live the Let-Go Life!
Peace Keeps What Grace Gives

Kapitel 11: Behüte vor allem dein Herz
Rest Is the Promised Land of the Believer
If It's a Miracle You Need, a Miracle You'll Get – If You Remain in Peace
Hidden Secrets to Health in the Hebrew Language

Kapitel 12: Friede in deinem Gewissen
Jesus Became Your Overpayment to Give You Settled Peace
Hidden Secrets to Health in the Hebrew Language
Receive Your 120 Percent Restoration Today!

Kapitel 13: Bleib stehen
Why the Finished Work Begins in Your Mind

Kapitel 14: Werde eine Person der Ruhe
When You Sit Still He Will Not Rest

Kapitel 15: Höre dich zum Sieg
The One Thing That Brings Success in Every Area
The Secret of Hearing That Brings Untold Blessings

Kapitel 16: Die eine Sache, die in jedem Bereich zum Erfolg führt
Meditating on God's Word – The Key to True Prosperity

Kapitel 17: Segnungen in der Ehe erfahren
Christ Is the Centre of Happy Marriages #1
Receive God's Grace for All of Life's Demands

Kapitel 18: Stressfreie Elternschaft
The One Thing That Brings Success in Every Area
Blessings upon the Whole Household #2

Kapitel 19: Lass los und lebe lang
Hidden Secrets to Health in the Hebrew Language
The Health-Giving Power of a Relaxed Heart

Kapitel 20: Du bist nicht allein
Win Over Discouragement, Depression and Burnout

WIR WÜRDEN UNS FREUEN, VON DIR ZU HÖREN

Wenn du das Gebet für deine Errettung gebetet hast oder uns nach dem Lesen dieses Buches gern ein Zeugnis erzählen möchtest, schreib uns: **www.JosephPrince.de/Zeugnis**

BLEIBE MIT JOSEPH IN KONTAKT

Über die folgenden Social-Media-Kanäle kannst du mit Joseph in Kontakt bleiben und täglich inspirierende Impulse erhalten:

Facebook.com/JosephPrince
X.com/JosephPrince
YouTube.com/@JosephPrince
YouTube.com/@JosephPrinceDeutsch
Instagram: @JosephPrince

KOSTENLOSE TÄGLICHE E-MAIL-ANDACHTEN

Trage dich unter **JosephPrince.de/Andachten** in den Verteiler für Josephs kostenlose E-Mail-Andachten ein und erhalte jeden Tag kurze Botschaften, die dir helfen, in der Gnade zu wachsen.

Die Kraft des richtigen Glaubens

Was du glaubst, hat Macht! Wenn du ändern kannst, was du glaubst, kannst du dein Leben verändern; du kannst frei werden von Ängsten, Schuldgefühlen und Abhängigkeiten. Darum ist es so wichtig, das Richtige zu glauben. Sieben einfache Prinzipien helfen dabei, dies im Alltag umzusetzen.

393 Seiten, Paperback, ISBN 978-3-95933-278-1
Auch als E-Book erhältlich.

Die Kraft des richtigen Glaubens
Hörbuch

Gelesen von Philipp Schepmann
626 Min. – ungekürzte Lesung

1 MP3-CD: ISBN 978-3-95933-092-3
8 Audio-CDs: ISBN 978-3-95933-093-0
Auch als Download erhältlich.

Weitere Bücher von Joseph Prince:

Bereit für die Entrückung?
Gedanken für ein Leben des Loslassens
Keine Angst mehr
Das Eine, das zählt
Zur Herrschaft bestimmt – 365 Andachten
Hoffnung, die nie enttäuscht
Unaufhaltsamer Glaube
Gib mir diesen Berg
Schluss mit negativen Gedanken
Jesus, mein bester Freund
Expedition Verheißenes Land
Gnadenzusagen für Mütter
Gnadenzusagen für Väter
Heilungszusagen
Versorgungszusagen
Das Gebet des Schutzes
Die Revolution der Gnade
100 Tage in der Kraft des richtigen Glaubens
Unverdiente Gunst
100 Tage der Gunst
Gesund und heil durch das Abendmahl
Geistliche Kampfführung
Iss dich gesund
Setze Gottes Kraft frei!

Mehr Informationen zu seinen Büchern und anderem inspirierenden Material findest du auf: *www.josephprince.de* und *www.gracetoday.de*